职业教育新形态精品教材
新专业·新技术

数字新媒体营销

沈继伟　主编

电子工业出版社
Publishing House of Electronics Industry
北京·BEIJING

内 容 简 介

技术赋能，营销升级，课程创新。本书采用项目教学、任务驱动、工学结合等新型教学方式，以贴近实际工作需要为原则，按照"学习内容由浅入深，项目操作由易到难，从校内社团实践到校外企业实战"的思路，精心选取有代表性的真实工作任务，开发了"Students 学生社团"新媒体营销准备工作、"泰乐美食"传统网络营销、"格美服装"主流网络营销、"红孩儿草莓生态园"视频营销、"Sunshine 母婴工作室"自媒体运营与推广五个项目，将抖音、微信、微博、知乎等新媒体平台的运营规则与选择技巧，以及社交营销、自媒体营销、短视频营销、直播营销等新媒体营销实战经验与技术，有效地融入实训项目中，实现了"知识点""技能点""能力点"的无缝衔接。

本书将"做中教"的教学项目与"做中学"的实训项目有效结合，案例丰富，覆盖商、农、企等领域的新经济增长点，不仅能提升学生的新媒体营销技能，还能提升创新创业能力。

本书可作为中、高等职业院校网络营销与直播电商、电子商务及相关专业的教学用书，也可作为企业及社会相关从业人员学习新媒体营销技能的培训指导用书和参考用书。

未经许可，不得以任何方式复制或抄袭本书之部分或全部内容。
版权所有，侵权必究。

图书在版编目（CIP）数据

数字新媒体营销 / 沈继伟主编. —北京：电子工业出版社，2024.1
ISBN 978-7-121-46874-2

Ⅰ.①数… Ⅱ.①沈… Ⅲ.①网络营销—高等学校—教材 Ⅳ.①F713.365.2

中国国家版本馆 CIP 数据核字（2023）第 241734 号

责任编辑：王　花
印　　刷：三河市君旺印务有限公司
装　　订：三河市君旺印务有限公司
出版发行：电子工业出版社
　　　　　北京市海淀区万寿路 173 信箱　邮编　100036
开　　本：787×1092　1/16　印张：12　字数：307.2 千字
版　　次：2024 年 1 月第 1 版
印　　次：2025 年 7 月第 3 次印刷
定　　价：42.00 元

凡所购买电子工业出版社图书有缺损问题，请向购买书店调换。若书店售缺，请与本社发行部联系，联系及邮购电话：（010）88254888，88258888。
质量投诉请发邮件至 zlts@phei.com.cn，盗版侵权举报请发邮件至 dbqq@phei.com.cn。
本书咨询联系方式：（010）88254178 或 liujie@phei.com.cn。

前　言

数字经济已经成为支撑当前乃至未来世界经济发展的重要动力。在我国，数字经济已上升为国家战略，以数字化转型整体驱动生产方式、生活方式和治理方式等的变革。新媒体作为数字化转型的重要动力，利用数字技术、网络技术以及移动技术，通过互联网、无线通信网、有线网络等渠道以及手机等终端向用户提供信息。

新媒体产业发展迅速，在媒体行业中的比重已高于传统媒体产业，但业界急需的高素质、跨界式、复合型新媒体营销人才存在数量不足和质量不高等问题，制约了行业的高质量发展。

本书对接互联网营销师的"1+X"证书（学历证书+若干职业技能等级证书），参照直播销售员、视频创推员、新媒体营销专员等岗位的用人标准，通过企业调查、校企合作、召开实践专家研讨会等形式，确定了有代表性的工作任务，对典型的工作任务进行了描述与验证，转换为工学一体化课程。

本书是"数字新媒体营销"课程内容最主要的呈现方式，在编写过程中遵循"专业技能+创业能力"的融合理念，将职业精神、工匠精神的培养与创业意识、创业精神的培养融合，将专业知识、专业技能的培养与创新能力、创业能力的培养融合；从"三教"改革的视角出发，对教材的内容、结构、学习路径等进行大胆创新。经过两轮教学实践，本书不断完善与凝练，体现出以下特色。

1. 工作任务与学习任务合一

本书按照"开发专业技能人才培养标准→设计课程体系→编制人才培养方案→开发课程标准→开展课程整体教学设计"的环节，进行工学一体化课程设计与开发，根据典型工作任务来设计学习任务。每个学习任务对应一个完整的实训项目（由学生独立或协作完成），在实训项目前嵌入由多个师生共同完成的教学项目；内容上采用与实训项目不同的多种类型情境与业务，保证工作过程完整且各有侧重点，引导学生完成实训项目，提升学习迁移能力。

2. 实践知识与理论知识合一

本书从典型工作任务到课程、学习任务、微任务、最小工作单元等，以工作过程为主线，以学生现有基础和经验为起点，以认知规律为基础，采用"加法""减法"等方法，系统梳理知识点；按照新媒体营销理论体系的结构与要求，关联必要的拓展理论知识，对经常出现的重点知识进行专项训练，以达到熟练应用的程度；开发相关讲义、学习指南、学习资源清单等资源，实现实践知识与理论知识合一。

3. 工作方法与教学方法合一

本书系统分析数字新媒体营销的工作过程和学生的学习过程，将工作中经常用的搜索引擎优化、社群营销、视频营销、整合营销、个性化定制、吸粉方法、团队合作、跨部门沟通、复盘法等工作方法转化为学习方法，突出学生主体，利用多种数字媒体以及信息化教学手段，采取案例教学法、项目教学法、示范教学法、头脑风暴法、小组合作法、自学辅导法等教学方法，开展情境教学，使学生在生动、活跃的教学气氛中轻松地学习，培养学生自主学习和自主创新的能力。

4. 工作标准与考核标准合一

本书通过对工作岗位进行分析，将遵循直播规范、严格遵循流程、严控质量、遵循多元文化等工作标准融入学业考核标准中，通过明确学业目标、明确目标分类、制订评价标准、分析评价情境、确定评价方法、明确评价主体、收集资料与成绩汇总、目标达成度分析等步骤开展学业考核；在学业考核时记录学生的学习过程，形成电子学习档案，体现增值效果，使学生强化自信，内视自我成长；将学习成果展示与分享作为重要评价方式，使每个关键的学习节点都有成果分享与评估环节；强化过程性评价，增强学习过程管理，不让一个学生掉队，以不断的测试贯穿教学过程，实现工作标准与考核标准合一。

本书不仅体现工学结合、知行合一的特点，还与区域经济活动密切关联，通过扶商助学、扶商助商、扶商助企、扶商助农、扶商助创，从校内社团实践到校外企业项目实战，通过项目驱动提升实战技能，结合思政教育，传递正能量，为区域经济发展做贡献。

本书编者具有 8 年新媒体行业工作经历；作为企业新媒体营销指导教师，积累了丰富的实践经验与技巧；具备 15 年的职业教育教学经验，历经 3 年独立完成本书。由于编者精力有限，加之新媒体技术快速发展，书中一些观点、判断和创新难免存在不足，恳请广大读者批评、指正！

沈继伟
2023 年 1 月

目 录

项目一 扶商助学——"Students学生社团"新媒体营销准备工作 ·················· 1

案例引入 ··· 1
项目地图 ··· 1

任务1 学习数字新媒体营销的基础知识 ··· 2
  【任务描述】 ·· 2
  【学习目标】 ·· 2
  【知识学习】 ·· 2
  【任务实训】 ·· 6
  【知识拓展】 ·· 6
  【任务拓展】 ·· 7
  【习题与反思】 ··· 8

任务2 分析新媒体营销环境 ·· 9
  【任务描述】 ·· 9
  【学习目标】 ·· 9
  【知识学习】 ·· 9
  【任务实训】 ·· 11
  【知识拓展】 ·· 11
  【任务拓展】 ·· 12
  【习题与反思】 ··· 13

任务3 制订新媒体营销策略 ·· 14
  【任务描述】 ·· 14
  【学习目标】 ·· 14
  【知识学习】 ·· 14
  【任务实训】 ·· 18
  【知识拓展】 ·· 18
  【任务拓展】 ·· 19
  【习题与反思】 ··· 19

任务4 学习互联网思维和创业知识 ··· 20
  【任务描述】 ·· 20
  【学习目标】 ·· 20
  【知识学习】 ·· 20
  【任务实训】 ·· 24

　　　　　【知识拓展】 ………………………………………………………………… 24
　　　　　【任务拓展】 ………………………………………………………………… 25
　　　　　【习题与反思】 ……………………………………………………………… 25
　　任务 5　学习"互联网+新零售"相关知识 …………………………………… 26
　　　　　【任务描述】 ………………………………………………………………… 26
　　　　　【学习目标】 ………………………………………………………………… 26
　　　　　【知识学习】 ………………………………………………………………… 26
　　　　　【任务实训】 ………………………………………………………………… 29
　　　　　【知识拓展】 ………………………………………………………………… 29
　　　　　【任务拓展】 ………………………………………………………………… 31
　　　　　【习题与反思】 ……………………………………………………………… 31

项目二　扶商助商——"泰乐美食"传统网络营销 …………………………… 32

　　案例引入 ……………………………………………………………………………… 32
　　项目地图 ……………………………………………………………………………… 32
　　任务 1　QQ 营销 ……………………………………………………………………… 33
　　　　　【任务描述】 ………………………………………………………………… 33
　　　　　【学习目标】 ………………………………………………………………… 33
　　　　　【知识学习】 ………………………………………………………………… 33
　　　　　【任务实训】 ………………………………………………………………… 35
　　　　　【知识拓展】 ………………………………………………………………… 35
　　　　　【任务拓展】 ………………………………………………………………… 36
　　　　　【习题与反思】 ……………………………………………………………… 36
　　任务 2　软文营销 …………………………………………………………………… 37
　　　　　【任务描述】 ………………………………………………………………… 37
　　　　　【学习目标】 ………………………………………………………………… 37
　　　　　【知识学习】 ………………………………………………………………… 37
　　　　　【任务实训】 ………………………………………………………………… 40
　　　　　【知识拓展】 ………………………………………………………………… 41
　　　　　【任务拓展】 ………………………………………………………………… 41
　　　　　【习题与反思】 ……………………………………………………………… 41
　　任务 3　搜索引擎营销 ……………………………………………………………… 42
　　　　　【任务描述】 ………………………………………………………………… 42
　　　　　【学习目标】 ………………………………………………………………… 42
　　　　　【知识学习】 ………………………………………………………………… 42
　　　　　【任务实训】 ………………………………………………………………… 56
　　　　　【知识拓展】 ………………………………………………………………… 56
　　　　　【任务拓展】 ………………………………………………………………… 58
　　　　　【习题与反思】 ……………………………………………………………… 58
　　任务 4　论坛营销 …………………………………………………………………… 59

【任务描述】 ··· 59
　　　【学习目标】 ··· 59
　　　【知识学习】 ··· 59
　　　【任务实训】 ··· 61
　　　【知识拓展】 ··· 62
　　　【任务拓展】 ··· 63
　　　【习题与反思】 ··· 64
　任务 5　电子邮件营销 ··· 65
　　　【任务描述】 ··· 65
　　　【学习目标】 ··· 65
　　　【知识学习】 ··· 65
　　　【任务实训】 ··· 67
　　　【知识拓展】 ··· 69
　　　【任务拓展】 ··· 70
　　　【习题与反思】 ··· 70
　任务 6　百度百科、百度文库、百度知道营销 ································· 71
　　　【任务描述】 ··· 71
　　　【学习目标】 ··· 71
　　　【知识学习】 ··· 71
　　　【任务实训】 ··· 75
　　　【知识拓展】 ··· 75
　　　【任务拓展】 ··· 79
　　　【习题与反思】 ··· 79
　任务 7　网络广告营销 ··· 80
　　　【任务描述】 ··· 80
　　　【学习目标】 ··· 80
　　　【知识学习】 ··· 80
　　　【任务实训】 ··· 84
　　　【知识拓展】 ··· 85
　　　【任务拓展】 ··· 85
　　　【习题与反思】 ··· 86

项目三　扶商助企——"格美服装"主流网络营销 ························ 87

　案例引入 ··· 87
　项目地图 ··· 87
　任务 1　微信营销 ··· 88
　　　【任务描述】 ··· 88
　　　【学习目标】 ··· 88
　　　【知识学习】 ··· 88
　　　【任务实训】 ··· 91

　　　　【知识拓展】……………………………………………………………… 92
　　　　【任务拓展】……………………………………………………………… 92
　　　　【习题与反思】…………………………………………………………… 93
　任务 2　微信公众号营销……………………………………………………… 94
　　　　【任务描述】……………………………………………………………… 94
　　　　【学习目标】……………………………………………………………… 94
　　　　【知识学习】……………………………………………………………… 94
　　　　【任务实训】……………………………………………………………… 102
　　　　【知识拓展】……………………………………………………………… 103
　　　　【任务拓展】……………………………………………………………… 103
　　　　【习题与反思】…………………………………………………………… 104
　任务 3　微博营销……………………………………………………………… 105
　　　　【任务描述】……………………………………………………………… 105
　　　　【学习目标】……………………………………………………………… 105
　　　　【知识学习】……………………………………………………………… 105
　　　　【任务实训】……………………………………………………………… 113
　　　　【知识拓展】……………………………………………………………… 113
　　　　【任务拓展】……………………………………………………………… 115
　　　　【习题与反思】…………………………………………………………… 115
　任务 4　知乎营销……………………………………………………………… 116
　　　　【任务描述】……………………………………………………………… 116
　　　　【学习目标】……………………………………………………………… 116
　　　　【知识学习】……………………………………………………………… 116
　　　　【任务实训】……………………………………………………………… 119
　　　　【知识拓展】……………………………………………………………… 120
　　　　【任务拓展】……………………………………………………………… 120
　　　　【习题与反思】…………………………………………………………… 120
　任务 5　简书营销……………………………………………………………… 121
　　　　【任务描述】……………………………………………………………… 121
　　　　【学习目标】……………………………………………………………… 121
　　　　【知识学习】……………………………………………………………… 121
　　　　【任务实训】……………………………………………………………… 124
　　　　【知识拓展】……………………………………………………………… 125
　　　　【任务拓展】……………………………………………………………… 126
　　　　【习题与反思】…………………………………………………………… 126
　任务 6　App 营销……………………………………………………………… 127
　　　　【任务描述】……………………………………………………………… 127
　　　　【学习目标】……………………………………………………………… 127
　　　　【知识学习】……………………………………………………………… 127
　　　　【任务实训】……………………………………………………………… 131

【知识拓展】……………………………………………………………………… 131
　　　【任务拓展】……………………………………………………………………… 133
　　　【习题与反思】…………………………………………………………………… 133

项目四　扶商助农——"红孩儿草莓生态园"视频营销 …………………… 134

　案例引入 …………………………………………………………………………… 134
　项目地图 …………………………………………………………………………… 134
　任务 1　短视频营销 ……………………………………………………………… 135
　　　【任务描述】……………………………………………………………………… 135
　　　【学习目标】……………………………………………………………………… 135
　　　【知识学习】……………………………………………………………………… 135
　　　【任务实训】……………………………………………………………………… 140
　　　【知识拓展】……………………………………………………………………… 141
　　　【任务拓展】……………………………………………………………………… 142
　　　【习题与反思】…………………………………………………………………… 143
　任务 2　直播营销 ………………………………………………………………… 144
　　　【任务描述】……………………………………………………………………… 144
　　　【学习目标】……………………………………………………………………… 144
　　　【知识学习】……………………………………………………………………… 144
　　　【任务实训】……………………………………………………………………… 153
　　　【知识拓展】……………………………………………………………………… 154
　　　【任务拓展】……………………………………………………………………… 156
　　　【习题与反思】…………………………………………………………………… 157

项目五　扶商助创——"Sunshine 母婴工作室"自媒体运营与推广 ………… 158

　案例引入 …………………………………………………………………………… 158
　项目地图 …………………………………………………………………………… 158
　任务 1　百家号的运营与推广 …………………………………………………… 159
　　　【任务描述】……………………………………………………………………… 159
　　　【学习目标】……………………………………………………………………… 159
　　　【知识学习】……………………………………………………………………… 159
　　　【任务实训】……………………………………………………………………… 161
　　　【知识拓展】……………………………………………………………………… 163
　　　【任务拓展】……………………………………………………………………… 164
　　　【习题与反思】…………………………………………………………………… 164
　任务 2　企鹅号的运营与推广 …………………………………………………… 165
　　　【任务描述】……………………………………………………………………… 165
　　　【学习目标】……………………………………………………………………… 165
　　　【知识学习】……………………………………………………………………… 165
　　　【任务实训】……………………………………………………………………… 168

　　　　　【知识拓展】……………………………………………………… 171
　　　　　【任务拓展】……………………………………………………… 173
　　　　　【习题与反思】…………………………………………………… 174
　任务 3　头条号的运营与推广 ……………………………………………… 175
　　　　　【任务描述】……………………………………………………… 175
　　　　　【学习目标】……………………………………………………… 175
　　　　　【知识学习】……………………………………………………… 175
　　　　　【任务实训】……………………………………………………… 176
　　　　　【知识拓展】……………………………………………………… 179
　　　　　【任务拓展】……………………………………………………… 181
　　　　　【习题与反思】…………………………………………………… 181

参考文献 ……………………………………………………………………… 182

项目一 扶商助学——"Students 学生社团"新媒体营销准备工作

案例引入

近年来，信息技术迅猛发展，网络在全球得到普及和应用，互联网逐渐成为众多商家青睐的传播媒体。新媒体营销作为一种全新的营销手段，已经渗入我们生活的方方面面，利用互联网进行营销已经成为各行各业的共识。

本书引入"泰乐美食""格美服装""红孩儿草莓生态园""Sunshine 母婴工作室"等真实项目，一方面帮助企业实现网络新媒体营销，另一方面提高学生的数字新媒体营销实战技能以及就业、创业能力。

要完成上述项目的新媒体营销工作，必须掌握数字新媒体营销的基础知识，因此，我们将新媒体营销准备工作引入"Student 学生社团"的实际运营中，开发了本项目的内容。

项目地图

项目一 扶商助学——"Students 学生社团"新媒体营销准备工作	
任务 1	学习数字新媒体营销的基础知识
任务 2	分析新媒体营销环境
任务 3	制订新媒体营销策略
任务 4	学习互联网思维和创业知识
任务 5	学习"互联网+新零售"相关知识

任务1　学习数字新媒体营销的基础知识

【任务描述】

作为本书第一个任务，本次任务首先带大家了解数字新媒体营销的相关概念。通过学习，学生要掌握数字新媒体营销的专业知识，能够进行网络市场调研，并撰写调研报告。

【学习目标】

知识目标	1. 了解数字新媒体营销的相关知识与基础理论（重点） 2. 理解新媒体运营和新媒体营销的相关知识 3. 掌握自媒体和全媒体的相关常识 4. 掌握网络市场调研的方法（难点）
能力目标	1. 了解并掌握数字新媒体营销的基础知识 2. 能够完成网络市场调研任务并撰写调研报告
素养目标	1. 具备良好的自主学习能力 2. 具备良好的沟通能力 3. 具备优秀的文字撰写能力 4. 具备服务意识，从事网络营销活动时为用户做好服务 5. 尊重用户的感受和体会，不强迫购买，让用户乐于消费

【知识学习】

1. 数字新媒体营销的含义

数字新媒体包括图像、文字、音频、视频等形式，其传播形式和传播内容数字化（即信息的采集、存取、加工、管理、分发的数字化过程）。数字新媒体营销是指借助互联网、计算机通信技术、数字交互式媒体来实现营销目标。所以，恰当而精准地进行网络新媒体营销，也就实现了数字新媒体营销。

2. 网络营销的定义及特点

网络营销是指企业面对互联网环境，在整体营销战略规划的指导下，对传统市场营销理论加以延伸和继承，综合运用各种信息技术作为营销工具，为实现企业营销目标而进行的一系列活动过程。

网络营销可以是企业宣传、品牌推广、网络销售等，所以网络营销不等同于网络销售。网络营销的特点如图1-1所示。

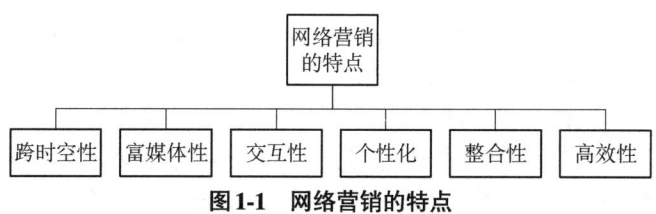

图1-1 网络营销的特点

3. 网络营销的基础理论

（1）网络直复营销理论

网络营销是一种直复营销方式，"直复"就是直接回复，意思是企业和用户之间进行直接交互。在网络直复营销活动中，在任何地点和任何时间，用户与企业都可以进行信息的双向交流，用户可根据自己的时间通过网络获取信息。

（2）网络关系营销理论

互联网是一种有效的双向沟通渠道，使企业与用户可以实现低成本的沟通和交流，为企业与用户建立长期关系提供有效保障。另一方面，通过互联网，企业还可以与供应商、分销商以及其他合作伙伴建立关系，实现共赢发展。

（3）网络软营销理论

软营销是指企业在进行营销活动时，必须树立尊重用户感受的指导思想，在提供物美价廉的商品和服务的同时，通过一系列人性化的营销活动，让用户心甘情愿地主动接受企业的商品和服务。

（4）网络整合营销理论

在网络整合营销理论中，用户的重要性提升，4P（产品、价格、渠道、促销）营销理论转化为4C（用户、成本、便利、沟通）营销理论。

在4C营销理论中，用户策略是指企业要以用户的需要为中心进行营销；成本策略是指商品的定价要以用户获取满意商品的成本为依据；便利策略是指要考虑到用户购物的方便性；沟通策略是指与用户进行深入的沟通和交流。

4. 新媒体营销的相关知识

（1）新媒体

新媒体是相对于报刊、广播、电视、杂志等传统媒体而言的，是利用数字技术、互联网技术、移动通信技术发展起来的新型互动式媒体形态。新媒体具有移动化、可视化、开放化、平台化、互动化、智能化等特点。

（2）新媒体运营

新媒体运营是指通过互联网，利用抖音、快手、微信、微博、贴吧等新兴媒体平台进行产品宣传、推广、营销的一系列运营手段。在新媒体运营过程中，企业通过策划与品牌相关的优质、高度传播性的内容和线上活动，向用户广泛或者精准地推送消息，提高品牌的参与度和知名度，从而充分利用粉丝经济，达到营销目的。新媒体运营的工作内容如下。

① 内容运营。内容运营是指以产品或咨询为前提进行内容选题策划、创意设计、编辑、排版、推送等，同时还要做好内容的创造、整合、推荐等工作。

② 产品运营。产品运营一方面是指企业产品的运营，包括企业产品的设计、开发和调试等；另一方面是指平台账号的运营，包括管理、测试、调试账号等。

③活动运营。活动运营是指根据产品的特点和用户画像进行推广,通过一些创意性的相关活动实现增加用户、提升品牌知名度、推广产品等目的。

④用户运营。用户运营是指围绕用户进行拉新、留存、转化等工作。

⑤社群运营。社群运营是指通过一系列运营手段将用户聚集起来,通过一定方式使用户活跃起来,让用户群体中的成员对管理者和产品产生信任感和认同感。

(3)新媒体营销

新媒体营销是指借助新媒体平台,使受众深入参与到具体的营销活动中。例如,利用微博讨论某话题,从而提高企业知名度,扩大品牌影响力。

新媒体营销的渠道(新媒体营销平台)主要包括门户网站、搜索引擎、微博、微信等。新媒体营销并不只通过上述渠道中的一种进行营销,而是需要整合多种渠道,甚至在营销资金充裕的情况下,可以与传统媒介营销相结合,形成全方位、立体式营销。

5. 自媒体

自媒体(We Media)是指普通大众通过网络等途径向外发布事实和新闻的传播方式,是私人化、平民化、普泛化、自主化的传播媒介。自媒体平台的典型代表有百家号、企鹅号、今日头条、大鱼号等,常用的微信、微博也是自媒体。

自媒体的表现形式有文字自媒体、图片自媒体、视频自媒体、语音自媒体和漫画自媒体等。自媒体营销一般分为两类,一类是视频平台营销(例如抖音、快手直播等),另一类是文章平台营销(例如微信公众号)。

6. 全媒体营销

全媒体营销是指根据用户的不同需求,运用报纸、杂志、广播、电视、电影等传播渠道,以文字、图像、音频、视频等形式,涵盖视、听、光等维度,打造多渠道、多层次、多元化、多维度、全方位的营销网络。全媒体营销中的"全"体现为以下五个方面。

(1)采用多种富媒体表现手段。

(2)包含多种媒介形态。

(3)通过广播电视网、电信网以及互联网进行信息传播。

(4)三屏合一,终端电视、个人计算机、手机等多种终端均可接收信息。

(5)任何人在任何时间、任何地点,通过任何终端都可以获取想要的信息。

7. 网络市场调研

(1)调研方式

①直接调研法:通过二维码、电子邮件、视频会议等方式进行调研。

②间接调研法:通过搜索引擎进行查询。

(2)调研步骤

①确定调研目标。首先需要明确调研目标,才能有针对性地提出问题,成功开发调研问卷,完成网络市场调研任务。

②确定调研方法。很多平台都支持调研问卷的设计、开发、转发、投放等功能,目前国内使用率较高的问卷开发平台有问卷星、石墨文档等,这些平台各有特色,不仅能创建调研问卷,还能导出调研结果,甚至能直接完成数据分析工作。

③选择调研方式。在调研过程中,可以通过扫描二维码、微信转发问卷、发送调研邮件、

QQ 转发问卷、站点法、随机 IP 法等方式将调研问卷投放给目标用户。

④ 分析调研结果。问卷星平台可以在用户提交调研问卷之后直接进行统计和分析，并有"查看下载答卷""答案来源分析""完成率分析"等功能，可以形成饼状图、圆环图、柱状图、条形图等图表，直观地展示和分析调研结果，如图 1-2 所示。

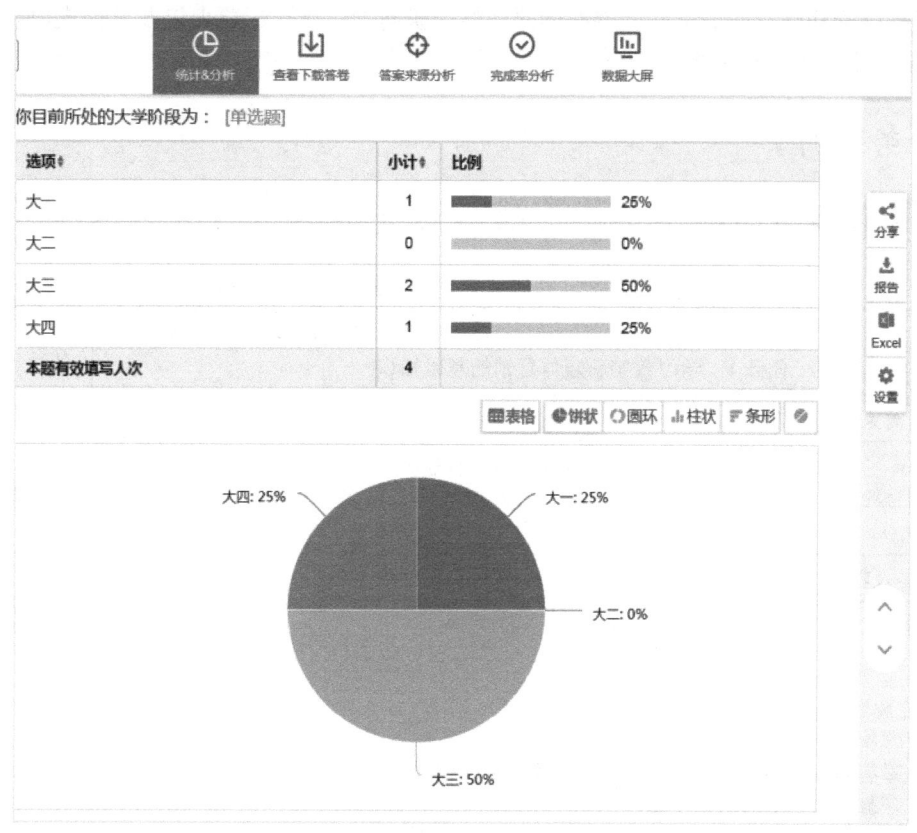

图1-2　问卷星的"统计&分析"功能

使用石墨文档进行调研问卷的创建与投放具备以下优势：有诸多调研问卷模板供参考，用户可选择和修改固有模板，形成自己的调研问卷；除了具备"结果统计"功能，还可以进行"数据汇总"，查看填写时间、填写人、填写用时以及填写人姓名；通过"在表格中查看"功能，能够直接导出问卷答案，在线查看每位被调研人员的回答，如图 1-3 所示；一旦有人填写了调研问卷，会快速进行自动更新。

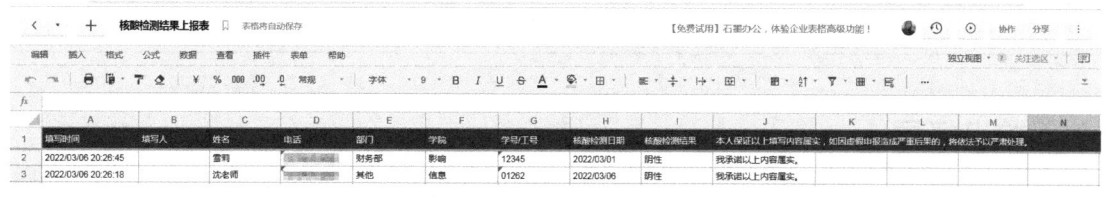

图1-3　"数据汇总"—"在表格中查看"功能

⑤ 撰写调研报告。一般来说，调研报告包括标题、目录、摘要、正文等。

标题一般为"XXXX 调研报告"，根据实际情况填写即可。

目录由章节标题和附录标题构成，通常在完成正文内容和排版后，通过Word的"插入目录"功能进行自动抽取，抽取成功后要调整字体、字号、行距等，以求美观、和谐。

摘要以提供内容梗概为目的，简明、确切地记述重要内容，包括调研目的、方法、结论等。

正文详细介绍调研背景、调研目的、调研方法（说明调研地域、调研对象、调研员情况等）、调研结论和建议等。正文后要有附录，将调研问卷、数据汇总表以及其他支撑材料附在调研报告之后，用于佐证调研报告。

【任务实训】

请同学们对照表1-1所示的实训任务单完成本次实训任务。

表1-1 "学习数字新媒体营销的基础知识"实训任务单

实训内容	项目一 扶商助学——"Students学生社团"新媒体营销准备工作 任务1 学习数字新媒体营销的基础知识	分数	
实训对象		学时	
实训目的	1. 复习数字新媒体营销的基础知识 2. 完成调研问卷的设计、开发、分享、结果收集以及结果的统计分析，并撰写调研报告		
教学设备及软件	个人计算机、Office办公软件、调研问卷平台		
实训建议	个人计算机及手机均能连接互联网		
一、实训步骤 1. 完成数字新媒体营销基础知识的强化与复习。 （1）掌握数字新媒体营销的概念。 （2）掌握新媒体营销、自媒体以及全媒体营销的相关知识。 （3）掌握网络市场调研的方法。 2. 设计一次直接调研，并形成1000字以上的调研报告。 二、可参考主题 1. 大学生月均消费数额及项目。 2. 大学生对国内主流App的喜好排名。 3. 某团队计划开发外卖团购类App，请针对该App的功能进行市场调研。 4. 什么样的老师更容易受到学生的接受与喜爱。 5. 根据需要自选其他主题。 三、实训要求 1. 所选项目不能雷同。 2. 调研报告的格式应符合规范（标题格式为小三号黑体、加粗、居中；正文格式为小四号宋体、1.5倍行距、首行缩进2字符）。			

【知识拓展】

1. 市场营销观念

市场营销观念是一种"以消费者需求为中心，以市场为出发点"的经营指导思想。市场营销观念认为，实现目标的关键在于确定市场的需求，并比竞争对手更有效、更有利地传送市场所期望的产品。

2. 社会营销观念

社会营销观念是指企业不仅要迎合消费者的需求并以此获取利润，还要从长远利益出发，更多地考虑社会利益，例如保护生态平衡、减少环境污染等。企业的公共关系人员可以通过刊登公益广告、开展推广活动等方式，在维护社会利益的同时建立良好的企业形象。

3. 绿色营销观念

绿色营销观念认为企业在营销活动中要践行可持续发展战略，注重保护地球的生态环境，促进经济与生态环境协调发展，实现企业利益、消费者利益、社会利益及生态环境利益协调统一。

4. 体验式营销

体验式营销是指通过看、听、用等手段，充分刺激和调动消费者的感性因素和理性因素，重新定义和设计一种思考方式。体验式营销可以应用到 App 中，使用户在 App 中通过某种形式实现虚拟体验，刺激购买欲望，从而带动线下的直接购买行为。因此，体验式营销是 O2O 营销中比较常用的一种方法。

5. 知识营销

知识营销是指向大众传播新的科学技术以及它们对人们生活的影响，通过科普宣传，让消费者不仅知其然，而且知其所以然，重新建立新的产品概念，达到拓宽市场的目的。

6. 场景营销

场景营销是指把营销方式与人们的生活场景紧密结合起来，通过营造场景，激发消费者的某种欲望。场景营销会极大地增强消费者的代入感，让人们心甘情愿地买单。在各种各样的场景下，商业信息已经从被动的"被发现"，变成了主动的"勾搭"。零散的产品体验变成身临其境的体验，准确击中了消费者的"痛点"，最大限度地调动了消费者的情感，从而使消费者愿意在该种场景下买单。

【任务拓展】

结合本次课的教学内容，对照表 1-2 所示的拓展训练任务单，通过分层训练和企业实践进行拓展训练，实现能力升华，夯实技能，以实现"做中学、学中做"。

表 1-2 "学习数字新媒体营销的基础知识"拓展训练任务单

训练内容	项目一　扶商助学——"Students 学生社团"新媒体营销准备工作 任务一　学习数字新媒体营销的基础知识	分数	
训练对象		学时	
训练目的	1. 复习数字新媒体营销的基础知识 2. 完成调研问卷的设计、开发、分享、结果收集以及结果的统计分析，并撰写调研报告		
教学设备及软件	个人计算机、Office 办公软件、调研问卷平台		

训练建议	个人计算机及手机均能连接互联网
1. 分层训练 （1）完成任务实训，如未完成，请课后继续完成（必选作业）。 （2）在完成（1）的基础上，围绕网络市场调研的过程及结果，制作汇报PPT（必选作业）。 （3）在完成（1）（2）的基础上，撰写汇报稿，在课上进行汇报展示（分层训练，非必选作业）。 2. 企业实践 　　读客小说工作室成立于2019年，主要通过"读客读书"App为用户提供小说阅读、听书、讲书等服务。现在，请你为"读客读书"App的研发团队设计网络市场调研问卷，精准设计调研问题并进行针对性投放，并进行数据分析与展示，完成调研报告并制作汇报PPT（调研报告要求为1500字以上，汇报PPT要求至少有30个页面，汇报展示时间为8分钟以上）。	

【习题与反思】

1. 网络新媒体营销是否可以取代传统营销？
2. "网络新媒体营销等于网络销售"的说法对吗？

任务 2　分析新媒体营销环境

【任务描述】

营销环境是指影响企业开展营销活动的各种因素的总和。要进行新媒体营销，首先要对新媒体营销环境进行分析。

【学习目标】

知识目标	1. 了解新媒体营销环境的定义及分类 2. 掌握新媒体营销环境的构成 3. 掌握 SWOT 分析法（重难点）
能力目标	1. 能够分析新媒体营销环境（宏观环境+微观环境） 2. 能够科学、准确地对任意对象或项目进行 SWOT 分析
素养目标	1. 具备良好的自主学习能力 2. 具备独立思考和分析能力 3. 具备语言组织和文字撰写能力 4. 树立爱岗敬业和乐于助人的意识

【知识学习】

1. 新媒体营销环境

（1）宏观营销环境

宏观营销环境是指一个国家或地区的政治法律、经济、人口、社会文化、科学技术、自然资源等对新媒体营销活动的影响。

政治法律环境包括国家政治体制、政治稳定性、国际关系、法制体系等。在国家和国际政治法律体系中，相当一部分内容直接或间接地影响着经济和市场。

经济环境是内部分类最多、具体因素最多、对市场有广泛和直接影响的环境内容。经济环境不仅包括经济体制、经济增长、经济周期、经济政策体系，也包括收入水平、市场价格、利率、汇率、税收等经济参数和政府调节取向等内容。

人是企业营销活动的直接和最终对象，在其他条件固定或相同的情况下，人口规模决定着市场容量和潜力。人口结构影响着消费结构和商品构成，人口组成的家庭、家庭类型及其变化对市场有明显的影响。

（2）微观营销环境

微观营销环境是直接影响和制约企业营销活动的因素，主要包括企业内部环境、营销中介、消费者、竞争者、合作者、供应商、公众等上下游组织机构。不同行业的微观营销环境是不同的，因此微观营销环境又称为行业环境因素，这些因素构成一种协作、竞争、服务、监督的关系。

企业内部环境是指市场营销部门之外的各部门的协调合作关系。例如企业的财务、研发、采购、生产、销售等部门与市场营销部门密切配合，构成了企业市场营销的完整过程。市场营销部门根据企业的目标、战略和政策做出各项营销决策；财务、研发、采购、生产、销售等部门相互联系，为生产提供充足的原材料和能源供应，并建立考核和激励机制，协调营销部门与其他各部门的关系，保证企业营销活动顺利开展。

营销中介是指协调企业促销和分销商品给最终消费者的公司，主要包括中间商（例如批发商和零售商）、代理中间商（例如经纪人）、服务商（例如运输公司）、仓库、金融机构、市场营销机构（例如市场营销咨询企业）。

消费者可以通过网上购物自由地选购自己需要的商品，生产者、批发商、零售商可以建立自己的网站并销售商品，所以一部分商品不再按原来的产业和行业分工进行，也不再遵循传统的购进、储存、运销流程。

竞争是商品经济活动的必然规律。在开展网上营销的过程中，不可避免地会遇到业务与自己相同或相近的竞争对手。考察竞争对手是开展网上营销前需要做的工作，而定期监测对手的动态变化则是一个长期任务。

新媒体营销环境是一个综合概念，由多方面因素组成，如图1-4所示。环境的变化是绝对的、永恒的，随着社会的发展（特别是网络技术在营销中的运用），环境更加变化多端。虽然对营销主体而言，环境因素是不可控制的，但它也有一定的规律，我们可以通过营销环境的分析对其发展趋势进行预测。

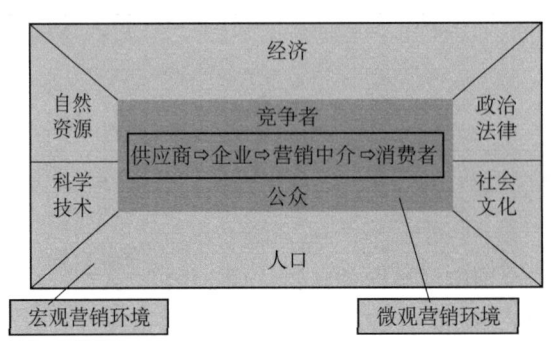

图1-4 新媒体营销环境

2. SWOT分析法

SWOT分析法又称为态势分析法，是基于内、外部竞争环境和竞争条件的态势分析，也就是将与研究对象密切相关的内部优势、内部劣势、外部机会、外部威胁等通过调查列举出来，并按照矩阵形式排列，用系统分析的思想把各种因素匹配起来加以分析，从中得出一系列结论，而结论通常带有一定的决策性。

SWOT模型如图1-5所示，"SWOT"的四个英文字母分别代表优势（Strengths）、劣势（Weaknesses）、机会（Opportunities）、威胁（Threats）。从整体上看，SWOT可以分为两部分，第一部分为S、W，主要用来分析内部环境；第二部分为O、T，主要用来分析外部环境。利用SWOT分析法可以找出有利的因素以及对企业经营不利的因素，明确企业的发展方向。

内部环境 \ 外部环境	机会 Opportunities	威胁 Threats
优势 Strengths	机会优势 SO	威胁优势 ST
劣势 Weaknesses	机会劣势 WO	威胁劣势 WT

图 1-5 SWOT 模型

利用 SWOT 模型进行分析时，首先需要分析机会、威胁、优势以及劣势，并将其逐条列举出来，再形成对应的 SO、ST、WO、WT 策略，填写到表格中的相应位置，供决策者参考。

【任务实训】

请同学们对照表 1-3 所示的实训任务单，完成本次课的实训任务。

表 1-3 "分析新媒体营销环境"实训任务单

实训内容	项目一 扶商助学——"Students 学生社团"新媒体营销准备工作 任务 2 分析新媒体营销环境	分数	
实训对象		学时	
实训目的	学会分析新媒体营销环境，并能够对任意对象或项目进行 SWOT 分析		
教学设备及软件	个人计算机、Office 办公软件、手机等		
实训建议	个人计算机以及手机均能连接互联网		

2019 年，湖北省武汉市通报了首例不明原因肺炎，自此拉开了新型冠状病毒侵犯国人健康的序幕。2022 年，新型冠状病毒再次侵袭了吉林省，长春市政府发布重要通知，要求所有线下实体店铺停止运营。"吉祥大药房"作为本地最有知名度的连锁药房，经政府允许可以进行线上销售，但同时也面临经营困境，例如派送人手不够、无法及时派送、部分药品供不应求等。

1. 请从宏观环境和微观环境两个方面，为"吉祥大药房"进行网络新媒体营销环境分析，并书写分析报告（标题格式为小三号黑体、加粗、居中；正文格式为小四号宋体、1.5 倍行距、首行缩进 2 字符）。
2. 结合 SWOT 模型的几个要素，为"吉祥大药房"进行 SWOT 分析，并形成对应的 SO、ST、WO、WT 策略。

【知识拓展】

1. PEST 分析法

PEST 分析是指宏观环境的分析，"PEST"分别表示政治（Politics）、经济（Economy）、社会（Society）、技术（Technology）。PEST 分析的目的是从总体上把握宏观环境，并评价这些因素对企业的影响。

进行 PEST 分析需要掌握大量的、充分的研究资料，并且要对所分析的企业有着深刻的认识，否则分析很难进行。

2. 波特五力模型

20世纪80年代初,迈克尔·波特(Michael Porter)提出了波特五力模型,他认为行业中存在着决定竞争规模和程度的五种力量,这五种力量综合起来影响着产业的吸引力以及现有企业的竞争战略决策。"五力"分别为供应商的讨价还价能力、购买者的讨价还价能力、替代品的替代能力、行业内竞争者现在的竞争能力、潜在竞争者进入的能力,如图1-6所示。波特五力模型是企业制订竞争战略时经常利用的战略分析工具。

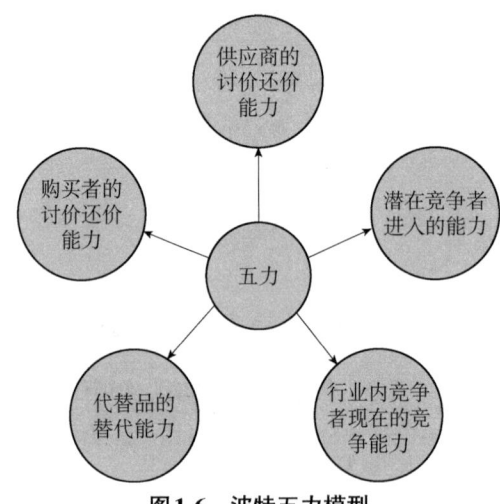

图1-6 波特五力模型

【任务拓展】

请同学们对照表1-4所示的拓展训练任务单,通过分层训练、志愿服务等方式完成本次拓展训练任务。

表1-4 "分析新媒体营销环境"拓展训练任务单

训练内容	项目一 扶商助学——"Students学生社团"新媒体营销准备工作 任务2 分析新媒体营销环境	分数	
训练对象		学时	
训练目的	学会分析新媒体营销环境,并能够对任意对象或项目进行SWOT分析		
教学设备及软件	个人计算机、Office办公软件、问卷开发平台、微信		
训练建议	个人计算机及手机均能连接互联网		
一、拓展训练目标 1. 学会分析新媒体营销环境,并撰写分析报告。 2. 利用SWOT模型对项目进行SWOT分析。 二、拓展训练内容 1. 分层训练 (1)完成任务实训,如未完成,请在课后继续完成(必选作业)。 (2)在完成(1)的基础上,制作汇报PPT(必选作业)。 (3)在完成(1)(2)的基础上,书写汇报稿,在课上进行汇报展示(分层训练,非必选作业)。			

> 2. 志愿服务。
> "红孩儿草莓生态园"成立于2010年,坐落在吉林省长春市绿园区,是吉林省规模最大、草莓品质最好、信誉最佳、服务最优的草莓生态园。
> "红孩儿草莓生态园"的服务项目以入园采摘为主,主要提供草莓、香瓜、美国大树莓和各种有机蔬菜的采摘服务,一年365天,天天可采摘。
> 请为"红孩儿草莓生态园"进行新媒体营销环境分析和SWOT分析,并制订相应的营销策略。

【习题与反思】

1. 如何应用SWOT模型?
2. 如何理解PEST分析法?
3. 企业如何进行新媒体营销环境分析?

任务3　制订新媒体营销策略

【任务描述】

为了帮助同学们更好地制订新媒体营销策略，本任务在传统市场营销的 4P 策略、4C 策略基础上新增了网页策略、网络公关策略等学习内容。

【学习目标】

知识目标	1. 了解 4P 营销策略 2. 掌握 4C 营销策略 3. 熟悉其他网络营销策略
能力目标	1. 能够制订新媒体营销策略 2. 能够将新媒体营销策略应用于营销实战中（重难点）
素养目标	1. 提升沟通能力 2. 提升发现问题、分析问题、解决问题的能力 3. 提升文字撰写能力 4. 明确"以用户需求为导向开展新媒体营销活动"的营销观念

【知识学习】

1. 4P 营销策略

在市场营销组合观念中，4P 是指产品（Product）、价格（Price）、渠道（Place）、促销（Promotion），如图 1-7 所示。

图 1-7　4P 营销策略

（1）产品

通常所说的"产品"是企业提供给目标市场的货物和服务的集合，包括产品的功能、质量、外观、款式、品牌、包装、规格等,还包括服务和保证等因素。

网络产品是指在网络营销活动中,消费者所期望的、能满足其需求的所有有形实物和无形服务,包括以下 5 个层次。

① 核心产品。核心产品是指网络产品的核心功能或基本使用价值,即用户希望得到的最核心或最基本的功能和利益。例如,微信和 QQ 这两个互联网产品的核心价值是它们都能进行聊天。

② 形式产品。形式产品是指产品的实体存在形式或外在表现形式,表现为产品的质量、特色、款式、品牌、包装等。

③ 期望产品。期望产品是指用户期望的个性化价值。

④ 附加产品。附加产品是指能带给用户的额外利益,包括售后服务、质量保证、赠品等。

⑤ 潜在产品。潜在产品是指能满足用户的潜在需求但尚未被用户意识到,或已经被意识到但尚未被重视或用户不敢奢望的产品价值。例如,电视机厂家在给用户修理电视机时,给予用户一台备用电视机。如果没有潜在产品,用户仍然可以很好地满足其现实需求;但得到潜在产品之后,用户的需求会得到超值的满足,对产品的偏好和忠诚度也会大大加强。

(2)价格

价格主要包括基本价格、折扣价格、付款时间、借贷条件等,是指企业出售产品所追求的经济回报。

(3)渠道

渠道代表企业为使其产品进入和达到目标市场所组织、实施的各种活动,包括途径、环节、场所、仓储和运输等。

(4)促销

促销是指利用现代化的网络技术向市场传递有关产品和服务的信息,以启发需求,引起消费者的购买欲望和购买行为。网络促销的形式主要有网络广告、网络销售、网络公共关系策略等。

① 网络广告

网络广告是主要的网络营销方法之一,在网络营销体系中具有举足轻重的地位。事实上,网络广告并不局限于放置在网页上的各种规格的横幅广告,电子邮件广告、搜索引擎关键词广告、搜索排名等都是网络广告的表现形式。

网络广告的投放步骤如图 1-8 所示。网络广告的本质是向互联网用户传递营销信息的一种手段,是对用户注意力资源的合理利用。

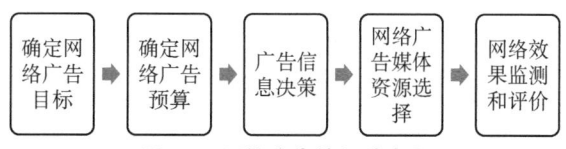

图 1-8 网络广告的投放步骤

② 网络销售

网络销售是指在网络市场中利用销售工具刺激消费者购买和使用商品。互联网作为交互的沟通渠道和媒体,具有传统渠道所没有的优势,在刺激商品销售的同时,还可以与消费者建立互动关系,了解消费者的需求和对商品的评价。一般来说,网络销售主要有打折促销、赠品促销、抽奖促销、积分促销、拍卖促销、免费促销、联合促销等形式。

与不同商家联合进行的促销活动称为联合促销，联合促销的商品或服务可以起到一定的优势互补效应。如果应用得当，联合促销可以起到相当好的促销效果，例如互联网电商公司和传统商家进行联合促销，可以在网络上提供更便捷的服务。

③ 网络公共关系策略

网络公共关系是指以互联网为媒介和沟通渠道，与企业利益相关者（供应商、消费者、中间商、雇员、社会团体等）建立良好的合作关系，为企业的经营营造良好的环境。网络公共关系策略在提升企业形象、赢得用户信任、创造良好的外部环境等方面发挥着越来越重要的作用。

2. 4C 营销策略

4C 分别代表 Customer（用户）、Cost（成本）、Convenience（便利）和 Communication（沟通）。4C 营销策略以用户需求为导向，瞄准用户的需求和期望，重新设定了市场营销组合的四个要素。

（1）用户策略

用户策略是指企业以用户的需求为中心进行营销。4C 营销策略认为，用户是企业经营活动的核心，企业重视用户要甚于重视产品，这体现在以下两个方面。

① 创造用户比开发产品更重要。

② 满足用户的需求比增加产品功能更重要。

（2）成本策略

4C 营销策略认为，从用户的角度来看，价格本质上是一种成本。从价格策略到成本策略的转变说明企业确实站在了用户的立场，不是运用价格策略去获得高额利润，而是思考如何节约用户的成本，使用户以最小的代价获得最大的利益。成本策略中的成本包括以下两部分。

① 企业生产成本。

② 消费者购物成本，不仅包括购物的货币支出，还包括时间、体力、精力消耗以及风险承担等成本。

（3）便利策略

便利策略是指为用户提供购物方便性。4C 营销策略强调企业提供给用户的便利比营销渠道更重要，便利策略应贯穿于售前、售中、售后服务的全过程。

（4）沟通策略

沟通策略是指与用户进行深入的交流和沟通。4C 营销策略用沟通代替促销，强调企业应重视与用户的双向沟通，建立基于共同利益之上的新型企业与用户关系，如图 1-9 所示。

3. 其他新媒体营销策略

（1）品牌策略

网络营销的重要任务之一是在互联网上建立并推广企业的品牌并快速树立品牌形象。网络品牌建设是指以企业网站建设为基础，通过微信公众平台、微信小程序等促进用户和公众对企业的认知。在一定程度上，品牌的价值甚至高于通过网络获得的直接收益。

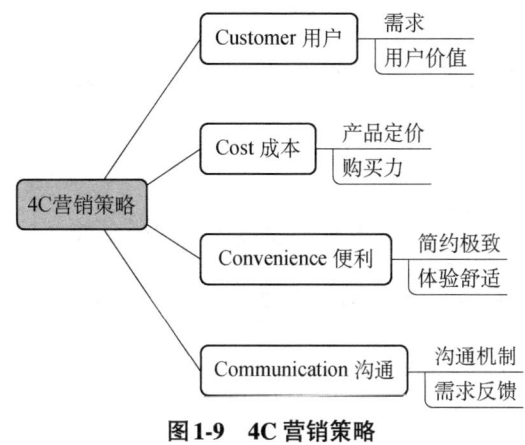

图1-9 4C营销策略

（2）网页策略

中小企业可以建立自己的PC端及移动端网站，并注意宣传，这样可以节省传统市场营销中的很多广告费用。

（3）客服策略

网络营销与传统营销模式的不同之处还在于它特有的互动方式，企业可以根据产品的特性设立相应的客服策略。

（4）网络公关策略

当危机出现时，危机公关必不可少，它是专门应对危机的有关机制，具有意外性、聚焦性、破坏性、紧迫性等特点。舆论产生后的导向往往不利于自身，危机公关最重要的作用就是通过制订政策及程序来有效制止扩散性舆论，将损失减小到最低，避免舆论对个人或组织造成永久性伤害。网络公关策略包括以下几方面。

① 加强与网络媒体的合作。危机公关应遵循的5S原则为承担责任原则（Shoulder）、真诚沟通原则（Sincerity）、速度第一原则（Speed）、系统运行原则（System）、权威证实原则（Standard）。

② 通过多种网络工具宣传产品或服务。通过网络营销站点、用户微信群、微信公众平台、微信小程序等平台可以直接宣传产品、介绍服务、收集用户需求。短视频及直播平台例如抖音、快手等也是很好的宣传产品（或服务）平台。此外，企业或个人可以通过自媒体平台（百家号、头条号、大鱼号等）进行官方账号的注册及运营，达到宣传公司或产品（服务）、积累用户、网络公关等目的。

③ 建立多样化的网络沟通渠道。企业通过互联网与用户建立沟通的方式很多，例如Web页面展示、网上虚拟社区、公告栏、新闻列表、微博、抖音、快手、微信群、微信公众号等。企业可以充分利用微信群及微信公众号的交互功能与目标用户直接进行沟通，了解用户对产品的评价和需求，维系用户的忠诚度。

④ 巧妙利用网络软文进行宣传推广。网络软文以互联网为传播平台，以文字为载体，对企业进行网络宣传，具体表现为企业新闻稿、公关软文、广告软文等。网络软文的传播面广、受众多、扩散迅速；既有一般文字作品的特点，又具有网络特色；主要着眼于获取点击率和转发量，在文字原创、标题吸引度、热点追踪、创新等方面有不同程度的要求和体现。

⑤ 合理应用网络事件营销策略。网络事件营销是指企业通过策划、组织和利用具有新闻

价值、社会影响以及名人效应的人物或事件，以网络为传播载体，吸引媒体、社会团体和公众的兴趣与关注，提高企业或产品的知名度，树立良好的品牌形象。

【任务实训】

请同学们对照表1-5所示的实训任务单，完成本次课的实训任务。

表 1-5　"制订新媒体营销策略"实训任务单

实训内容	项目一　扶商助学——"Students 学生社团"新媒体营销准备工作 任务 3　制订新媒体营销策略	分数	
实训对象		学时	
实训目的	1. 掌握 4P 营销策略、4C 营销策略、其他网络营销策略 2. 能够制订新媒体营销策略		
教学设备及软件	个人计算机、Office 办公软件、手机等		
实训建议	个人计算机及手机均能连接互联网		
1. 复习 4P 营销策略、4C 营销策略、其他新媒体营销策略。 2. 请结合以下背景制订新媒体营销策略。 　　互联网给农产品企业带来了十分严峻的挑战，但同时也提供了一个更加广阔的销售平台。目前，我国农产品企业间的竞争越来越激烈，偏远山村的农产品滞销，迫使农产品企业在营销方式、营销手段和营销策略等方面进行改进。 　　请从产品、价格、渠道及促销的具体特点出发，自选当地的任意农产品项目，对其进行新媒体营销策略分析，制订 4P 营销策略。			

【知识拓展】

1. 事件营销

简单来说，事件营销就是通过把握新闻规律，制造具有新闻价值的事件，并让这一新闻事件得以传播，从而达到广告的效果。事件营销包括公益活动、危机公关、热点事件、名人效应，如图 1-10 所示。

图 1-10　事件营销的类型

2. 借势营销

借势营销是指借助用户喜闻乐见的环境，使用户在这个环境中了解产品并接受产品。借势营销具体表现为借助大众关注的社会热点、娱乐新闻、媒体事件等，潜移默化地把营销信息植入其中，以达到影响用户的目的，是一种比较常见的新媒体营销模式。

3. 口碑营销

口碑营销是指企业在调查市场需求后，为用户提供所需要的产品和服务，同时制订口碑推广计划，让用户自动传播产品和服务的良好评价，使人们通过口碑了解产品和品牌。影响口碑营销效果的关键要素有产品定位、传播因子、传播渠道等。

4. 病毒营销

病毒营销（Viral Marketing，又称为病毒式营销、病毒性营销、基因营销、核爆式营销等）是指利用公众的积极性和人际网络，让营销信息像病毒一样传播和扩散，使营销信息快速传向数以万计、数以百万计的公众。病毒营销是一种常见的网络营销方法，常用于网站推广、品牌推广等。

【任务拓展】

请同学们对照表1-6所示的拓展训练任务单，通过分层训练和企业实践完成拓展训练。

表1-6 "制订新媒体营销策略"拓展训练任务单

训练内容	项目一 扶商助学——"Students学生社团"新媒体营销准备工作 任务3 制订新媒体营销策略	分数	
训练对象		学时	
训练目的	1. 掌握4P营销策略、4C营销策略、其他网络营销策略 2. 能够进行网络营销策略分析		
教学设备及软件	个人计算机、Office办公软件、手机等		
训练建议	个人计算机及手机均能连接互联网		
1. 分层训练 （1）完成课上的实训任务，如未完成，请在课后继续完成（必选作业）。 （2）在完成（1）的基础上，制作汇报PPT（必选作业）。 （3）在完成（1）（2）的基础上，书写汇报稿，在课上进行汇报展示（分层训练，非必选作业）。 （4）请从4C营销策略的具体特点出发，针对课上所选择的农产品项目，对其进行网络营销策略分析，撰写分析报告（分层训练，非必选作业）。 2. 企业实践 请为"红孩儿草莓生态园"制订全面的网络营销策略。			

【习题与反思】

1. 请查找并分享1则事件营销的经典案例。
2. 请查找并分享1则借势营销的经典案例。
3. 请查找并分享1则口碑营销的经典案例。
4. 请查找并分享1则病毒营销的经典案例。

任务 4 学习互联网思维和创业知识

【任务描述】

企业要想更好地进行互联网营销，首先必须具备互联网思维。国内最早提出互联网思维的是百度创始人李彦宏，他认为企业家要具备互联网思维，从互联网的角度去想问题，才能在企业运营及营销活动中游刃有余。

为了更好地完成本书中的"Sunshine 母婴工作室"自媒体运营与推广项目，本任务将互联网思维与创业结合起来，一并进行学习和训练。

【学习目标】

知识目标	1. 了解互联网思维的定义及核心观点 2. 掌握互联网时代的九大思维（重难点）
能力目标	1. 能够运用互联网思维指导企业运营 2. 能够按标准撰写创业计划书，尝试开展"互联网+"创业项目
素养目标	1. 具备独立学习的能力 2. 具备团队合作精神 3. 具备文字撰写能力 4. 具备把产品、服务和用户体验做到极致的"极致思维"与"工匠精神"

【知识学习】

1. 互联网思维

（1）互联网思维的定义

互联网思维是指在（移动）互联网、大数据、云计算不断发展的背景下，对市场、用户、产品、企业价值链乃至整个商业生态进行重新审视的思考方式，它是互联网时代的思考方式，不局限在互联网产品和互联网企业中。这里的互联网不单指桌面互联网或移动互联网，而是泛互联网，因为未来的网络形态一定是跨越各种终端设备的，例如台式计算机、笔记本电脑、平板电脑、手机、手表、眼镜等。

互联网思维的四大核心观点是用户至上、体验为王、免费的商业模式、颠覆式创新。

（2）互联网时代的九大思维

① 用户思维。用户思维要求企业改变传统的"能生产什么就卖什么"的思维方式，以用户为中心去考虑问题。用户需要什么，企业就生产什么，不断满足用户体验变成了真正的核心竞争力。例如，在很多人觉得手机流量费用昂贵的情况下，360 公司研发了"360 随身 WiFi"，这款产品小巧、便携、实用，用户将其像 U 盘一样插在计算机上，只需要进行简单

②简约思维。在互联网时代，用户的耐心越来越不足，简约思维是产品设计时首先要考虑的问题。例如，当我们看到图1-11的页面时，很难将它与互联网巨头联系到一起，因为页面上只有几个字和一个Logo，外加一个搜索框。整个页面看起来有些冷清，甚至有些单调。但就是这种简约的设计，让用户能够第一时间看到搜索框，从而清楚地了解产品的本质。

图1-11　百度搜索主页

大道至简，那些看似简约的设计，其实都是经过设计者的不断打磨，从极其复杂的设计中提炼出核心元素才逐渐成形的。

③极致思维。极致思维就是把产品、服务和用户体验做到极致，超越用户预期。

④迭代思维。迭代思维是近几年比较流行的一种互联网思维，对于新开发的产品进行快速上线、测试、发现缺点、修改、继续上线测试……这样反复循环，最终打磨出一个好产品。迭代思维的核心要点是快速试错。必须有正确的方向，加上强大的执行力，才能发挥出迭代思维的最大价值。

⑤流量思维。在互联网领域，流量是指一个平台或App的浏览量。流量的指标有很多，例如独立IP数、独立访客数、页面浏览量等。一般情况下，流量越高，平台或App的访问量越大，价值也越高。互联网有了流量，就可以利用流量做转化，最终达到成交、盈利的目的。流量思维是指在价值链各个环节中都要以流量为主，是一种以用户为中心的价值导向思维。只有具备了流量思维，才能关注用户的体验，吸引更多的流量导入。互联网思维给出了两个获取流量的途径：一是产生企业自身的热度，二是通过免费的产品服务来吸引用户。

⑥社会化思维。社会化思维是指利用社会化工具、社会化媒体和社会化网络重塑企业和用户的沟通关系，以及组织管理和商业运作模式。例如，朋友圈点赞、微博关注"大V"、抖音关注主播等都是产品的社会化。

⑦大数据思维。美国华特迪士尼公司曾投资10亿美元进行线下用户跟踪和数据采集，开发出了MagicBand手环，如图1-12所示。游客在入园时佩戴上带有位置采集功能的手环，园方可以通过定位系统了解不同区域游客的分布情况，并将游玩信息推送给游客，方便游客选择最佳游玩路线。此外，用户还可以使用移动订餐功能。通过大数据，MagicBand手环不仅提升了用户体验，也有助于疏导园内的人流。

⑧平台思维。平台模式最有可能成就产业巨头，很多知名企业的主要收入均来自平台商业模式。例如淘宝在本质上只是一个平台，把买方和卖方进行整合，构成了一个平台。

⑨跨界思维。随着互联网和新科技的发展，很多产业的边界变得模糊，互联网企业的触角无孔不入，例如零售、图书、金融、电信、娱乐、交通、媒体等。跨界思维是指以大世界、大眼光，多角度、多视野地看待问题，并提出解决方案。跨界思维下的跨界合作如图1-13所示，用互联网的思维运营传统银行，就有了支付宝；将互联网与传统媒体融合，就有了

自媒体;将互联网与传统通信融合,就有了即时通信应用。跨界思维的核心是颠覆性创新,且往往来源于行业之外的边缘性创新,即"跳出行业看行业",建立系统、交叉的思维方式。

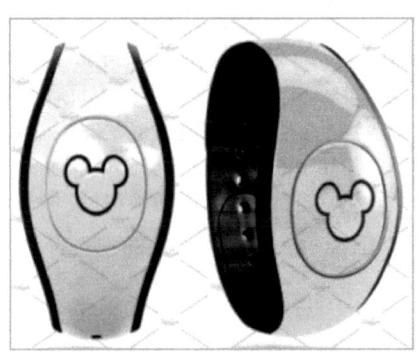

图1-12　MagicBand手环

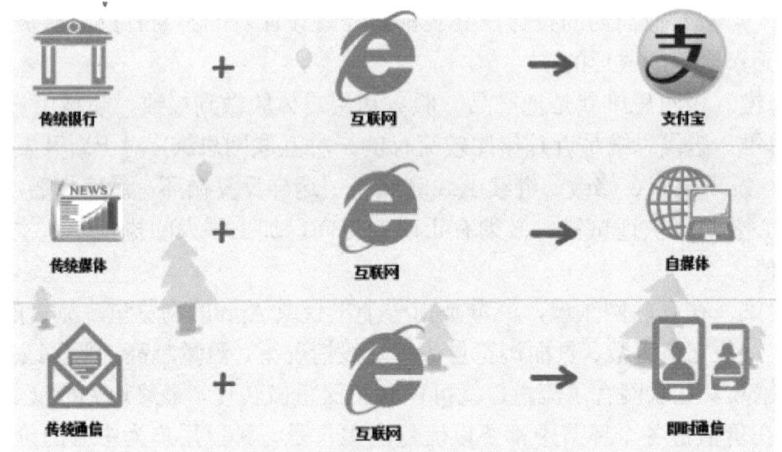

图1-13　跨界思维下的跨界合作

如果某些学科、领域、环节原来是割裂的,尝试将它们结合、融合起来,看看是不是会产生化学反应,这就是跨界思维。例如,在传统思维中,企业的产品部门、研发部门、营销部门是割裂的,产品部门只负责做好设计、满足用户体验;技术部门只负责完成产品的研发;营销部门只负责产品发布后的推广。此时,可以利用跨界思维把这些环节两两结合起来,"用技术思维做营销",用技术手段实现产品的增长,实现营销目标;"用营销思维做产品、用产品思维做营销",让产品和营销活动自带传播力。

2. 创业知识

广义的创业知识包括专业知识、经营管理知识、综合性知识等,能够体现创业者的文化素质。狭义的创业知识是指创业过程、步骤、方式等具体知识,例如创业时机的选择、创业机遇的寻找、怎样编写创业计划书、如何开办小型企业、如何向银行贷款等。

鉴于本书篇幅有限,不针对创业时机、创业机遇以及公司创办流程等内容进行拓展讲解,重点讲解创业计划书的撰写方法。

创业计划书是指创业者在创业初期需要编写的一份书面创业计划,用以描述创办一个新企业时所有相关的外部及内部要素,即基于前期调研、策划的成果,对创业项目进行全面说明。

一般来说,创业计划书可以从执行总结、项目介绍、营销模式、行业分析、发展规划、财务假设、融资规划、公司及团队介绍、风险分析、结束语等方面来写。

（1）创业执行纲要

创业执行纲要是创业计划书主体内容的大致概括,一般包括创意背景和项目简述、创业的机会概述、目标市场的描述和预测、竞争优势和劣势分析、经济状况和盈利能力预测、团队概述、预计能提供的利益等。

（2）项目介绍

项目介绍一般包括项目背景、项目简介、服务内容、项目优势、项目合作等。

（3）营销模式

营销模式主要介绍创业项目采用的营销模式,一般包括营销理念、营销目标、营销策略、市场发展战略等。

（4）行业分析

行业分析是指先对行业整体进行分析,再对创业项目的每项业务进行分析,最好能引进PEST模型。

（5）发展规划

发展规划一般包括前期规划、中期规划、后期规划等。

（6）财务假设

财务假设的内容并非完全固定,一般来说,可以先介绍项目的盈利模式,然后从损益预估、现金流量、收益预测等方面列表说明,并预估未来5年的财务状况及收益。

（7）融资规划

融资规划一般包括融资需求、退出机制等。

（8）公司及团队介绍

公司及团队介绍一般包括公司简介、公司组织架构、核心成员介绍等。

（9）风险分析

风险分析一般包括风险识别、风险管理措施、风险资本退出等。

（10）结束语

结束语一般是简短的几句话,用来总结创业项目,表达创业者的决心与信心,同时也给予投资人信心。

如需借鉴,请扫描右侧二维码查看创业计划书样文（2020年"挑战杯"吉林省大学生创业计划竞赛一等奖项目）。

综上所述,一份好的创业计划书是博得投资人眼球的最佳利器。但是,创业者也一定要知道,创业计划书不只是为了获得投资人的青睐和投资,更是公司经营的风向标,能帮助公司梳理产品逻辑、摸清业务走向、规划发展路径、明确资金规划,对公司的经营和发展有着重要意义。

创业计划书只是开始,而非结束。创业始于创意,但绝非止于创意,创意本身再好也不能创造价值。只有将好的创意拿到市场上检验并实现它的价值,这样的创业才是成功的。

基于"互联网+"的创业项目有很多,同学们可以结合自己感兴趣的领域,充分运用互联网思维,选择合适的项目择机创业。

【任务实训】

请同学们对照表1-7所示的实训任务单，完成本次课的实训任务。

表1-7 "学习互联网思维和创业知识"实训任务单

实训内容	项目一 扶商助学——"Students 学生社团"新媒体营销准备工作 任务 4 学习互联网思维和创业知识	分数	
实训对象		学时	
实训目的	1. 掌握互联网思维的相关知识 2. 能够按标准撰写创业计划书		
教学设备及软件	个人计算机、Office 办公软件、手机等		
实训建议	个人计算机及手机均能连接互联网		
1. 复习互联网思维的相关知识。 2. 请各位同学自选领域，结合"互联网+"，制订创业计划并撰写创业计划书，例如互联网+教育领域（在线课程平台创业项目、英语学习 App 项目、线上课程辅导 App 项目等），要求如下。 （1）创业项目可执行、易落地、能操作、易实施。 （2）创业计划书涵盖创业执行纲要、项目介绍、营销模式、行业分析、发展规划、财务假设、融资规划、公司及团队介绍、风险分析、结束语等，要求 8000 字以上，且为原创作品。 （3）创业计划书要进行排版，没有固定格式，看起来协调即可。 （4）创业计划书要有封面页，且目录单独成页，通过自动抽取目录完成。			

【知识拓展】

1. 融资

狭义的融资是指企业筹集资金的行为和过程。广义的融资也叫金融，就是货币资金的融通，即通过各种方式到金融市场上筹措或贷放资金。

《新帕尔格雷夫经济学大辞典》对融资的解释是：融资是为了支付超过现金的购货款而采取的货币交易手段，或为了取得资产而采取的货币手段，是企业从有关渠道采用一定方式取得经营所需资金的活动。

2. 众筹

众筹即大众筹资或群众筹资，由发起人、跟投人、平台构成，具有低门槛、多样性、依靠大众力量、注重创意等特征，是一种向群众募资的行为。

一般而言，众筹通过网络平台连接赞助者与提案者。众筹用来支持各种活动，包括灾后重建、民间集资、竞选活动、创业募资、艺术创作、设计发明、科学研究以及公共专案等。

现代众筹是指通过互联网发布筹款项目并募集资金。相对于传统的融资方式，众筹更为开放，能否获得资金不再由项目的商业价值决定。只要是网友喜欢的项目，都可以通过众筹获得项目启动的第一笔资金，为更多小本经营或创作的人提供了无限可能。

3. 众筹营销

众筹营销（Customer Planning to Customer，CP2C）的字面意思是集中大家的智慧来做营销，具体含义是指由消费者发起订购邀约，并提出一些需求，厂家在下单时就可以全程给出生产排期和产品追踪。

众筹营销一方面让消费者可以提出自己的需求，实现有针对性的生产；另一方面改变了过去按照批次生产的方式，由订单来驱动生产（企业宣称不存在缺货的情况，只要消费者需要，就一定会有对应的产品和服务）。

【任务拓展】

请同学们对照表1-8所示的拓展训练任务单，通过企业实践的方式完成拓展训练。

表1-8 "学习互联网思维和创业知识"拓展训练任务单

训练内容	项目一 扶商助学——"Students学生社团"新媒体营销准备工作 任务4 学习互联网思维和创业知识	分数	
训练对象		学时	
训练目的	1. 掌握互联网思维的相关知识 2. 能够撰写创业计划书		
教学设备及软件	个人计算机、Office办公软件、手机等		
训练建议	个人计算机及手机均能连接互联网		
1. 撰写创业计划书（必选作业）。 2. 依据创业计划书制作汇报PPT，准备汇报展示，争取获得听众的认可（必选作业），要求如下。 （1）PPT设计精美，符合创业项目的主题。 （2）封面页标明项目名称、汇报人、宣传口号等。 （3）目录页与创业计划书的一级目录一致即可。 （4）内容力求简洁、图文并茂、表现形式丰富（例如图片、动画等），杜绝整段文字（一般来说，PPT仅展示要点，详细介绍应由汇报者口头阐述）。 3. 依据制作的PPT准备演讲稿，进行汇报演讲，演讲时间为8～20分钟（可选作业；可分组进行，每小组由一人汇报）。			

【习题与反思】

1. 如何理解互联网时代的九大思维？
2. 如何撰写创业计划书？

任务5　学习"互联网+新零售"相关知识

【任务描述】

"互联网+"是一种新的经济形态,是指依托互联网信息技术实现互联网与传统产业的联合。将互联网与传统零售结合起来,实现"互联网+新零售",这正是本次任务需要完成的目标。

【学习目标】

知识目标	掌握"互联网+"、新零售、C2B模式等相关知识
能力目标	能够进行新零售案例分析,并将"互联网+新零售"观念应用到产品运营中(重难点)
素养目标	1. 具备团队合作能力 2. 具备独立思考能力 3. 具备将互联网与新零售"+"起来的意识

【知识学习】

1. 互联网+

"互联网+"代表一种新的经济形态,通过优化生产要素、更新业务体系、重构商业模式等途径完成经济转型和升级。

"互联网+"的目的是充分发挥互联网的优势,将互联网与传统产业深入融合,通过产业升级提升经济生产力,为用户创造更大的价值。例如,传统集市+互联网=淘宝、传统订餐+互联网=饿了吗、传统邮寄+互联网=快递……可以这样理解,当今所有的应用和服务都应该加入互联网,如果哪个行业没有互联网的身影,一定意味着存在商机,意味着互联网加入之后会产生新的格局。

2. 新零售

(1) 新零售的定义

新零售的英文是"New Retailing",即企业以互联网为依托,通过大数据、人工智能等先进技术手段,对商品的生产、流通、销售过程进行升级改造,进而重塑业态结构和生态圈,并对线上服务、线下体验、现代物流等进行深度融合。

(2) 新零售的典型特征

① 生态性。新零售的商业生态涵盖网上页面、实体店面、支付终端、数据体系、物流平台、营销路径等诸多方面,并嵌入购物、娱乐、阅读、学习等多元化功能,推动线上服务、线下体验、金融支持、物流支撑四大能力的全面提升,增加用户黏性。

② 无界化。无界化是指企业通过整合线上和线下平台、有形和无形资源，清除零售渠道间的种种壁垒，模糊经营过程中各主体的既有界限，打破传统经营模式下存在的时空边界、产品边界等，促成人员、资金、信息、技术、商品等的顺畅流动，进而实现商业生态链的互联与共享。依托企业的无界化零售体系，消费者的购物入口将变得非常分散、灵活、可变、多元。

③ 智慧型。人们对购物过程中的个性化、即时化、便利化、互动化、精准化、碎片化等需求逐渐提高，而满足上述需求在一定程度上依赖于"智慧型"的购物方式。可以肯定的是，在产品升级、渠道融合、用户至上的新零售时代，人们经历的购物过程以及所处的购物场景必定会具有典型的"智慧型"特征。未来，智能试装、隔空感应、拍照搜索、语音购物、VR逛店、无人物流、自助结算、虚拟助理等都将获得大范围的应用与普及。

④ 体验式。随着我国城镇居民人均可支配收入的不断增长和物质产品的极大丰富，消费者主权得以充分彰显，人们的消费观念逐渐从价格消费转变为价值消费，购物体验愈发成为决定消费者是否买单的关键性因素。

在现实生活中，人们对某个品牌的认知和理解往往来源于线下的实地体验或感受。"体验式"的经营方式就是通过线下实体店面，将商品嵌入各种真实生活场景之中，赋予消费者深入了解商品和服务的机会，从而得到消费者视觉、听觉、味觉等方面的综合反馈。

（3）新零售的实施维度

① 线上维度。线上维度在新零售生态体系中肩负着商家与消费者双方的信息收集、反馈与决策等重要职能，同时也承担了支付、交流等功能，是零售数字化改造的主阵地，扮演着优化交易过程中的重要角色。

② 线下维度。线下维度是支撑新零售生态体系的基础性平台。在新零售时代，"产品+服务+场景+体验"四位一体的线下平台为消费者呈现出一幅"产品个性化、服务精细化、场景多样化、体验内容化"的全新购物图景。

③ 物流维度。从企业角度来看，新零售商业模式要求的"线上线下一体化"必须有高效、智能、精确、协同、环保的智慧化物流解决方案作为支撑，从而达到提高商品配送效率、降低运营成本、减少甚至消灭库存的理想状态。

新零售可总结为"线上+线下+物流"，其核心是以消费者为中心的会员、支付、库存、服务等数据的全面打通。

3. 互联网+新零售

网络经济离不开实体经济的支撑，线上线下的融合才是大势所趋。互联网不会阻碍传统零售企业的发展，反而能帮助传统零售企业更好地转型和发展。

"互联网+新零售"离不开O2O。O2O的字面意思是"Online to Offline"以及"Offline to Online"，是指线上与线下结合的电子商务。O2O的本质是线上线下协同，线上促进线下或者线下支持线上。

在O2O模式中，消费过程由线上和线下两部分构成。线上平台为消费者提供消费指南、优惠信息（例如团购、优惠券等）、便利服务、移动支付等；线下商户则专注于提供服务。O2O让信息与实物之间，线上与线下之间的联系变得更加紧密，使线上的虚拟经济与线下的实体经济融为一体。

O2O 模式有互联网时代的大数据支撑，可以充分对用户及营销行为进行大数据分析，使营销更精准。新零售模式已经在实际商业活动中进行了广泛的尝试。例如，2017 年 9 月，京东与沃尔玛签署了为期一年的合作协议，网友通过京东 App 首页的"京东到家"栏目可以在线逛沃尔玛超市，选货、订货之后，骑手会很快将货品送到家，如图 1-14 所示。另外，用户在京东搜索某产品时，京东在结果展示列表中会优先推荐与该用户距离较近的沃尔玛门店（如果店内有货）。经过与京东的合作，沃尔玛的订单数量同比增长了 30%。

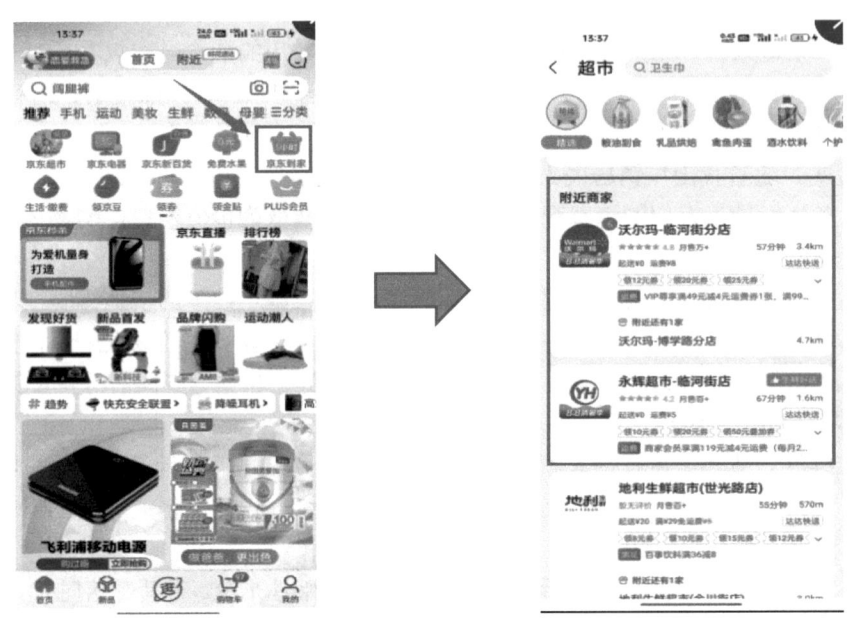

图 1-14 "京东到家"截图

在新零售未来的发展过程中，"黑科技"将大有用武之地。我们所说的"黑科技"多指那些服务日常生活的最新技术，例如将大数据、虚拟现实技术、人工智能应用于供应链、销售等，这是新零售"黑科技"发展的必然趋势。

4. C2B 模式

C2B（Customer to Business）模式是指消费者提出要求，生产者据此设计消费品、装备品。C2B 模式最显著的特征就是以消费者为主导，消费者从商品的被动接受者变为主动参与者，甚至是决策者，企业与消费者的关系由单向的价值传递过渡到双向的价值协同。

在 C2B 模式下，消费者（C 端）能根据自己的需求对商家（B 端）提出要求，让企业提供满足自身需求的商品。例如，在拼多多上购买水杯时，很多商家会提供个性化服务，可以根据消费者需求在水杯上刻字；在淘宝上购买工作服时，可以在工作服的指定位置印上消费者所属公司的 Logo 及名称。

在以消费者为主导的 C2B 模式中，能否及时、有效地搜集 C 端需求并反馈到 B 端，是考验零售企业运营能力的标准，也是 C2B 模式能否顺利实施的关键。有了大数据，这一切都变得容易起来。大数据分析不仅可以让企业了解消费者的真实需求，实现 C2B 定制、C2B 营销等经济行为，还可以有效降低库存，提升销量，从而实现个性化需求和规模化供给之间的平衡。

【任务实训】

请同学们对照表 1-9 所示的实训任务单，完成本次课的训练任务。

表 1-9 "学习'互联网+新零售'相关知识"实训任务单

实训内容	项目一　扶商助学——"Students 学生社团"新媒体营销准备工作 任务 5　学习"互联网+新零售"相关知识	分数	
实训对象		学时	
实训目的	1. 掌握互联网+、新零售、C2B 模式等相关知识 2. 能够进行新零售案例分析，并将"互联网+新零售"观念应用到实际的产品运营中		
教学设备及软件	个人计算机、Office 办公软件、手机等		
实训建议	个人计算机及手机均能连接互联网		

1. 掌握互联网+、新零售、C2B 模式等相关知识。
2. 进行新零售案例分析，形成分析报告。

2021 年 10 月 30 日，"小米之家"第 10000 家门店在深圳欢乐海岸正式开业。小米生态链是一个基于企业生态的智能硬件孵化器，以小米手机为核心，以生态链企业为周边，以结盟、投资企业为外围，其基本打法是"入资不控股，帮忙不添乱"的投资逻辑和以工程师为主的投资团队。

各位同学可通过互联网查阅"小米之家"的运营模式及运营情况，结合本书给出的简介，完成"小米之家"新零售案例分析，并撰写案例分析报告，提交 Word 版本和 PDF 版本的作业。

【知识拓展】

1. 大数据营销

（1）定义

大数据营销是指首先通过互联网采集大量的行为数据，帮助广告主找出目标受众，以此预判和调配广告投放的内容、时间、形式等，并最终完成广告的精准投放。

大数据营销的核心在于让网络广告在合适的时间，通过合适的载体，以合适的方式，投给合适的人，给企业带来更高的投资回报率。

（2）营销策略

① 用户行为与特征分析。大数据营销能够进行用户画像分析，基于大数据描绘、预测、分析、指引消费者行为，分析消费者的喜好和购买习惯。用户画像是指根据用户的信息数据和行为数据抽象出的用户模型，如图 1-15 所示，具体包括以下几个维度。

用户固定特征：性别、星座、教育程度等。

用户兴趣特征：经常查看的网站、使用的 App（浏览、收藏、评论的内容）、品牌和产品偏好等。

用户社会特征：生活习惯、婚恋情况、社交情况、家庭成员等。

用户消费特征：收入状况、消费水平、产品购买渠道、购买频率等。

用户动态特征：当下需求、正在前往的地方、周边的商户、周围的人群等。

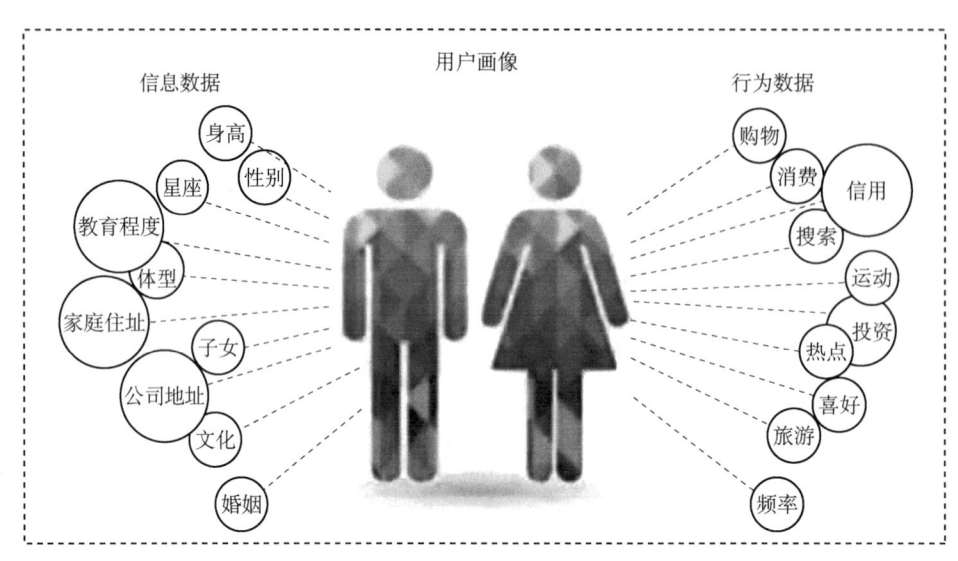

图1-15 用户画像

② 精准营销信息推送支撑。有了精准的数据分析，才能真正实现精准营销以及信息的精准推送。

③ 产品及营销活动投用户所好。如果能在产品生产之前了解潜在用户的主要特征以及他们对产品的期待，那么产品生产即可投其所好。

④ 品牌危机监测及管理支持。大数据可以采集负面内容，及时启动危机跟踪和报警，按照人群的社会属性分析观点，识别关键人物及传播路径，进而保护企业和产品的声誉，抓住源头和关键节点，快速处理危机。

⑤ 将大数据用于改善用户体验。要改善用户体验，关键在于真正了解用户及他们所使用的产品，并做适时提醒。

⑥ 用户分级管理支持。面对日新月异的新媒体，许多企业对粉丝的公开内容和互动记录进行分析，将粉丝转化为潜在用户，激活社会化资产价值，并对潜在用户进行多维度画像。

⑦ 发现新市场与新趋势。基于大数据的分析与预测能帮助企业洞察新市场并把握经济走向。

此外，大数据营销策略还包括企业重点用户筛选、市场预测与决策分析支持等。

2. 饥饿营销

（1）定义

饥饿营销通常用于商品或服务的商业推广，是指商家有意降低产量，制造供不应求的"假象"，以维护商品形象并维持较高的售价和利润率。

（2）营销策略

① 引起关注。

② 建立需求。仅仅引起用户的关注还不够，还要让用户发现自己对商品有需求，进而达到刺激销售的目的。

③ 建立期望值。引起用户关注后，还需要帮助用户建立一定的期望值，让用户对商品的兴趣和拥有欲越来越强烈。

④ 设立条件。设立购买商品所需要的条件，并使用户了解。
⑤ 实施饥饿营销。

【任务拓展】

请同学们对照表1-10所示的拓展训练任务单，完成本次拓展训练任务。

表1-10 "学习'互联网+新零售'相关知识"拓展训练任务单

训练内容	项目一　扶商助学——"Students学生社团"新媒体营销准备工作 任务5　学习"互联网+新零售"相关知识	分数	
训练对象		学时	
训练目的	1. 掌握"互联网+"、新零售、C2B模式等相关知识 2. 能够进行新零售案例分析		
教学设备及软件	计算机、Office办公软件、手机等		
训练建议	个人计算机及手机均能连接互联网		
1. 掌握"互联网+"、新零售、C2B模式等相关常识（必做作业）。 2. 查找大数据营销和饥饿营销的新零售案例，形成分析报告，制作汇报PPT（可选作业）。			

【习题与反思】

1. 什么是新零售？如何理解新零售？
2. 请通过互联网查找并列举至少1个"互联网+新零售"典型案例。

项目二 扶商助商——"泰乐美食"传统网络营销

案例引入

泰乐美食餐饮管理有限公司（以下简称为"泰乐美食"）是一家创办于 2008 年的个体工商企业，主打产品是熟食、朝鲜族美食以及冰淳啤酒，旗下的朝鲜族风味连锁餐厅更是本地一绝，让食客流连忘返，大饱口福。

"有熟食美食的地方就有泰乐"，秉承这样的发展理念，"泰乐美食"将旗下的熟食系列产品打造成家喻户晓、人尽皆知的熟食品牌，真正成为了一家独具特色的、拥有高科技含量的现代化食品加工企业。

2011 年，"泰乐美食"旗下的朝鲜族风味餐厅"朝凤阁"开业，其独具特色的朝鲜族美食因口味纯正迅速获得了消费者的青睐，成为了本地的高人气朝鲜族餐厅。

2014 年，"泰乐美食"引进了先进的啤酒生产工艺及生产线，开始生产啤酒，取名为"冰淳啤酒"。这款啤酒包装时尚、口味纯正、价格公道，契合都市人的现代生活节奏，很快成为了当地人闲暇时聚会的理想选择。

冰淳啤酒自上市以来，通过"泰乐美食"强大的分销渠道（朝凤阁餐厅、商场、超市、本地餐厅等）取得了相当不错的成绩。在同层次、同类型的商品中，冰淳啤酒的零售价格略高，但口感却好很多。另外，冰淳啤酒的独特之处在于，无论是小孩还是老人，只要有一点力气的人都可以把啤酒打开，这在市场上是少有的，也是该产品的独特卖点。

为了帮助"泰乐美食"打开网络销售市场，本项目从专业角度出发，为其进行网络营销，全面赋能传统个体工商企业，助力商业发展，使其步入高速发展的"快车道"。

项目地图

项目二 扶商助商——"泰乐美食"传统网络营销	
任务 1	QQ 营销
任务 2	软文营销
任务 3	搜索引擎营销
任务 4	论坛营销
任务 5	电子邮件营销
任务 6	百度百科、百度文库、百度知道营销
任务 7	网络广告营销

任务1　QQ营销

【任务描述】

QQ作为国内第一款全民普及且几亿用户在使用的社交软件，精准实现了移动时代的社交营销，可以实现潜在用户的深入挖掘以及现有用户的关系维护，尤其适合对特定人群及固定人群进行针对性推广。

请认真学习QQ营销的方法与策略，为"泰乐美食"进行QQ营销，制订并执行QQ营销方案。

【学习目标】

知识目标	1. 了解QQ的发展历程 2. 理解即时通信营销（IM营销）的相关知识 3. 掌握QQ营销的方法与策略（重难点）
能力目标	能够通过以QQ为代表的即时通信平台进行网络营销
素养目标	1. 具备良好的自主学习能力 2. 具备优秀的语言组织和文字撰写能力 3. 具备良好的沟通能力 4. 培养"以用户为中心"的服务意识

【知识学习】

1. QQ简介

QQ是一款基于互联网的即时通信软件，覆盖Windows、MacOS、iPadOS、Android、iOS、Linux等多种系统，其标志是一只戴着红色围巾的小企鹅，如图2-1所示。

图2-1　QQ的标志

你一定认为自己对这只小企鹅再熟悉不过，因为你经常使用QQ。你可能不知道的是，它比正在读大学的你还要"年长"几岁。QQ于1999年由腾讯公司自主开发，对中国互联网的发展起到了创造性作用。2000年4月，QQ的注册用户数量达10万；2003年9月，QQ的注册用户数量达 2 亿；2008 年 6 月，QQ 的同时在线人数突破 4000 万，注册用户数量接近 8 亿；2021 年的数据显示，QQ 的注册用户数量达 9.9 亿，活跃用户数量超 4.3 亿。

2. 即时通信营销

即时通信（Instant Messaging）营销指通过即时通信工具推广产品和品牌。IM 营销的优势表现为互动性强、营销效率高、传播范围大等，常用的方法是网络在线交流和广告推广。

3. QQ 营销

（1）注册与设置策略

① 头像要正规。通过互联网渠道进行营销与推广时，首先要修改自己的 QQ 头像，给用户留下良好的第一印象，成功塑造信任感和安全感。建议使用本人的正规头像，杜绝使用恶搞图片。大家可以比对图 2-2 所示的两个 QQ 头像，你愿意相信哪个呢？答案显而易见。另外，也可以使用本人姓名制作的印章作为自己的 QQ 头像，如图 2-3 所示。

图 2-2　QQ 头像对比　　　　　图 2-3　印章头像

② 昵称要真实。无论是哪款即时通信工具，如果想利用其进行网络营销，首先要给自己起一个值得信任的昵称。如果可能的话，尽量使用本人的真实名字作为昵称。

③ 资料要丰富。如何让用户更信任你呢？除了头像要正规、昵称要真实，个人资料一定要丰富，而且要尽可能真实。

④ 排名要靠前。QQ 会员以红色文字显示，在用户列表中排在非会员之前。也可以将 QQ 状态调整为"Q 我吧"，设置为"Q 我吧"状态的账号在用户列表中会排在会员之前。

另外，QQ 的自然排名是按照 QQ 昵称的拼音首字母从"A"到"Z"排列的，也就是说，拼音首字母为"A"的昵称（例如"阿伟"）排在前面，拼音首字母为"Z"的昵称（例如"张伟"）会排在靠后的位置。

但是，如果在昵称之前加上一些特殊字符，在用户列表中会排在最前方。

⑤ 互联网上多留名。专业的网络营销人员应该学会在其他互联网平台上（例如百度贴吧、百度文库、百度知道等）适当发布文章并巧妙留下自己的 QQ 号码。

（2）沟通技巧

在进行网络营销时，与用户沟通的技巧可归纳为"语气助词要慎用、图片表情要慎发、称呼称谓莫乱用、聊天速度要适当、沟通时机要找准、弹窗震动莫乱发、注意礼貌要客气"等。

（3）加群注意事项

加入 QQ 群时，要注意尽量不加成员数量少的群、不活跃的群、同质化严重的群、目标人群不集中的群，加入之后要及时修改群名片，保持在群内的活跃度。

（4）建群注意事项

建立 QQ 群时，要注意尽量多建高级群，群的主题要鲜明，群名要有针对性，男女比例要适当，保持群的活跃度等。

（5）营销方式

QQ 营销方式有 QQ 转发、QQ 群推广、集体 QQ 签名、自动回复、游戏植入、QQ 空间推广等。

【任务实训】

请同学们对照表 2-1 所示的实训任务单，完成本次课的训练任务。

表 2-1　"QQ 营销"实训任务单

实训内容	项目二　扶商助商——"泰乐美食"传统网络营销 任务 1　QQ 营销	分数	
实训对象		学时	
实训目的	1. 掌握 QQ 营销的策略 2. 能够进行 QQ 营销的策划与实施		
教学设备及软件	个人计算机、Office 办公软件、手机等		
实训建议	个人计算机及手机均能连接互联网		
1. 复习 QQ 营销的策略。 2. 为"泰乐美食"策划一次 QQ 营销活动，完成 QQ 营销策划方案（要求方案科学、准确、全面、易执行、可落地），并采用角色扮演法实施 QQ 营销方案。			

【知识拓展】

1. 如何做好网络客服

随着网络应用越来越广泛，很多企业会设置专门的网络客服用于接待用户。下面简要介绍如何做好一位网络客服。

第一，及时接待网上来的用户。

第二，提高转化率。

第三，及时统计和分配用户信息。

第四，跟进业务人员情况。

一位合格的网络客服不仅要做好接待、转化、分配等工作，还需要将业务员跟进的情况进行监督和反馈。

2. 电商客服的沟通技巧

① 使用礼貌用语。作为电商客服,一定要注意礼貌,提升用户的第一印象,增加好感度。"亲""客官"等称呼可以拉近与用户的心理距离,消除隔阂与戒备,方便沟通。

② 避免言语冲突。作为电商客服,一定要避免与用户发生言语冲突。一旦发生冲突,用户就会流失,潜在用户也没有办法转化为现实用户,有些用户还会给予差评,影响其他用户做出购买决策。

③ 熟悉商品和服务。电商客服一定要对商品和服务有详细的了解,这样在用户咨询时才能对答如流、随机应变。

④ 与用户沟通要有耐心。无论是售前客服还是售后客服,当用户咨询问题时,不能急躁,需要耐心回复用户的问题。

【任务拓展】

请同学们对照表2-2所示的拓展训练任务单,完成本次拓展训练任务。

表2-2 "QQ营销"拓展训练任务单

训练内容	项目二 扶商助商——"泰乐美食"传统网络营销 任务1 QQ营销	分数	
训练对象		学时	
训练目的	1. 掌握QQ营销的策略 2. 能够进行QQ营销的策划与实施		
教学设备及软件	个人计算机、Office办公软件、手机等		
训练建议	个人计算机及手机均能连接互联网		
1. 复习QQ营销的策略。 2. 请为"红孩儿草莓生态园"进行QQ营销策划,完成策划方案并开展实施。			

【习题与反思】

1. 请简述QQ账号的设置技巧。
2. 请简述QQ的沟通技巧。

任务2　软文营销

【任务描述】

软文营销是目前主流的网络营销方式之一，创作者在文章中巧妙嵌入文字广告，使读者在不知不觉中受到感染，了解广告内容，从而达到营销目的。

请认真学习软文营销的方法与策略，为"泰乐美食"进行软文策划、书写与营销。

【学习目标】

知识目标	1. 掌握软文的书写方法（教学难点） 2. 掌握软文营销策略（教学重点）
能力目标	1. 能够在日常生活中识别软文 2. 能够为企业及产品进行软文营销
素养目标	1. 具备独立思考和分析能力 2. 具备优秀的语言组织和文字撰写能力 3. 遵循"尊重事实，不虚假宣传"的营销观念

【知识学习】

1. 软文营销的概念

软文是相对于硬广告而言的，通常呈现为报纸、杂志或网络等宣传载体上刊登的宣传性、阐释性文章，包括特定的新闻报道、案例分析等。与硬广告相比，软文的精妙之处在于"软"，具有绵里藏针、收而不露的特点，通过文中带有的"嵌入式广告"让读者受到感染，从而树立产品品牌，提高产品的知名度。

2. 软文营销的特点

软文的本质是"广告"，只是这种广告以文章为载体，将广告内容巧妙地融入文章中，让用户在不知不觉中被影响。所以，软文的要点是文章写得好，使读者"眼软"，乐于读下去；其次是制造信任，打动读者，使读者"心软"，读者"心动"了，广告宣传的目的也就达到了。软文营销具有以下特点。

（1）隐蔽性。
（2）内容丰富，形式多样，受众面广。
（3）吸引力强，可接受度高。
（4）低成本，高效益。
（5）以消费者为中心。

3. 软文的分类

（1）新闻类软文

常见的新闻类软文包括新闻通稿、媒体访谈和新闻报道三种类型，如图2-4所示。

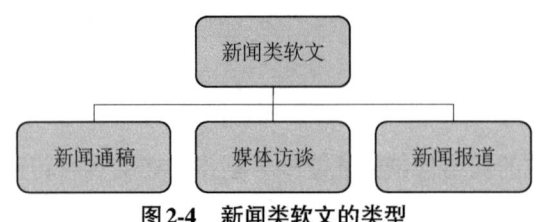

图2-4 新闻类软文的类型

在快节奏的今天，广告信息铺天盖地，消费者对此嗤之以鼻，因为人们愿意看新闻而不愿意接受广告，从而出现了新闻营销。新闻营销就是利用新闻的方式，让读者在不知不觉中接受企业要传播的内容，通过新闻的形式和手法，全面、真实地诠释企业文化、产品信息、企业品牌、行业资讯等。在营销活动中，新闻类软文能快速有效地创造传播效能，提升产品知名度，更好地塑造品牌信誉度。

新闻营销是指企业在不损害公众利益的前提下制造新闻热点来吸引媒体和公众的注意力，从而达到营销目的。新闻营销有角度客观、权威性、传播速度快、非常隐蔽等特点。

新闻营销的第一步是做好新闻策划，第二步是新闻撰稿，第三步是选择合适的媒体，最后是及时跟踪新闻。

如果条件允许，企业可以自己进行新闻营销，或者与公关公司合作。公关公司能帮助企业挖掘新闻事件，撰写新闻稿，通过公司的媒体资源发布到全国的线上、线下媒体，从而加大关注度和品牌传播速度。

（2）行业类软文

行业类软文通常从经验分享、观点交流、权威资料发布、人物访谈以及评论等角度着手。

（3）用户类软文

用户类软文通常包含知识型、经验型、娱乐型、争议型、悬念型、故事型、情感型、资源型、促销型等类型，如图2-5所示。

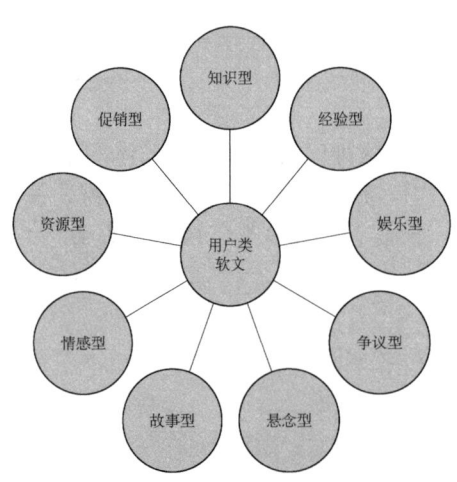

图2-5 用户类软文的类型

4. 软文写作技巧

（1）标题写作技巧

俗话说"看书看皮，看报看题"，"看书看皮"虽然不绝对准确，但是"看报看题"却概括了很多人的共同特点，那就是读一篇文章之前，先看标题是否吸引人，是否能引起自己的兴趣。因此，文章的标题一定要起好，要求既能概括正文，又能吸引人。

软文标题通常有八类：提问式、促销式、逆向思维式、故事式、攀附式、夸张式、场景式、情感式，下面分别进行举例。

① 提问式。例如，40岁的女性可以拥有20岁一样的肌肤吗？

② 促销式。例如，周年庆，比价双十一！

③ 逆向思维式。不管有没有看过《断舍离》这本书，大多数人对这个词语都不陌生，甚至很多人在践行着"断、舍、离"。这时，有人却以"消费主义的陷阱，别被'断舍离'忽悠了"为标题发布作品，作品的点击量和浏览量超高，主要原因就是标题吸引人。

④ 故事式。故事式标题在情感类软文中较为常见，通过完整的故事提升文章的真实性，提升读者的信任度，特别吸引女性读者。

⑤ 攀附式。攀附式标题通常借助名人号召力进行借势营销。含有热门关键词的标题更容易吸引好奇的读者。

⑥ 夸张式。夸张式标题用夸大的语气引起读者的议论甚至恐慌，因此也被称为"危言耸听式""放大痛苦式"标题。

⑦ 场景式。场景式标题的撰写思路是"为用户创造卓越体验，建立与消费者的情感连接"，用创意性文字将读者带入熟悉的场景中，把虚拟化、抽象化的情感具体化、场景化。

⑧ 情感式。在情感式标题中，通过一个"情"字感染读者，实现强效的推广效果。

（2）正文写作技巧

首段文字要做好引入，让读者想继续探索和寻找答案。整片文章要如行云流水、一气呵成，使读者愿意从头到尾看完，好像看到了想看的内容，又有一种意犹未尽的感觉。最重要的是，作者已将广告内容巧妙地融入文章中，"润物细无声"地进行了广告宣传。

下面摘录两个简短的软文案例，供大家参考。

案例1：《医生不懂病人的心》（电视台广告）

在医院的急诊重症监护室里，一个全身无法动弹的病人忽然眨了几下眼睛，护士赶紧叫来大夫会诊。当医生、护士们围拢在病人床前时，他的手指又轻微地动了几下，像是要表达什么。医生赶忙将纸和笔递过去，病人写下一行字：不要挡住电视！原来医护人员所站的位置正好挡了病人看电视的视线，所以他要求大家让开，不要打扰他看体育频道的节目。

案例2：《如何将爱情进行到底》（保险公司广告）

夜晚，在巴黎的街道上，一位小伙子站在一幢居民楼下，一言不发地仰头望着楼上。书籍、闹钟、杂志、运动鞋、唱片、电吉他等物品相继被人从楼上抛下，砸得满地狼藉。看起来像是小伙子与恋人闹了不愉快，导致了这场分手大战。这时，楼下又来了一位白发苍苍的老者，他想要阻止楼上的行为。随后，楼上的人又抛下了一个相框，里面是老者夫妇的合影。镜头摇向楼上，一位老太太双手插腰站在阳台上。这时，我们才明白，原来是老夫妻在闹矛盾，看来扔东西出气并非年轻人的"专利"。XX保险公司提示：即使活到了70岁，还是什么事都有可能发生。

5. 第三方平台软文服务

值得一提的是，企业可以通过互联网寻找软文推广平台进行合作，这样写出的软文更专业，覆盖面更广，广告效果也更理想。大家可以按照下面的方法寻找第三方软文平台。

首先，在浏览器中搜索"软文推广"，搜索结果列表中会展示很多软文推广平台，如图2-6所示。

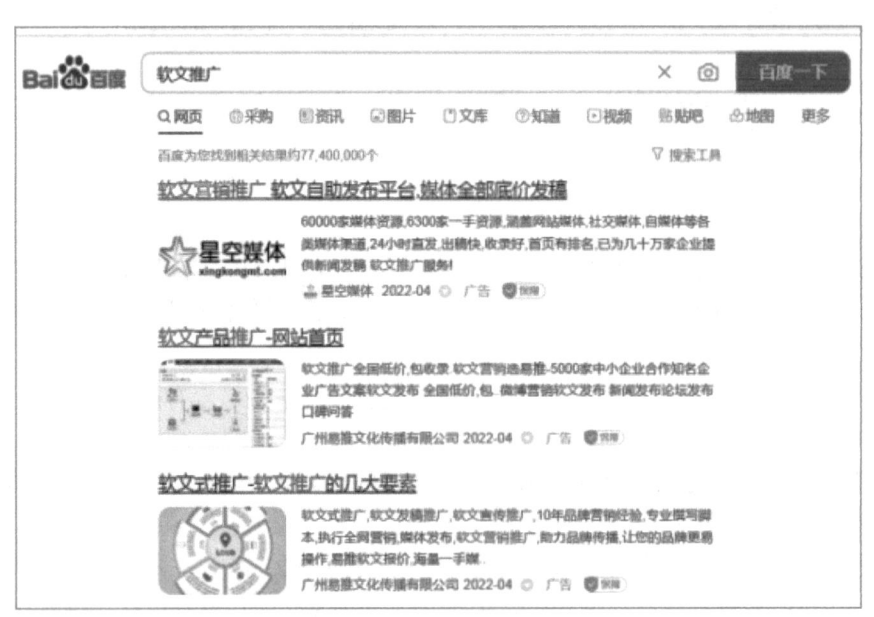

图2-6 "软文推广"搜索结果

每家平台都会在网页描述中介绍自己的特色和优势，企业可以酌情选择。

选择好软文推广平台后，可以提交写作需求，选择投放媒体（网站、App、社交媒体等）。提交订单之后能看到软文报价，付款（部分平台可先付首付款）后等待工作人员联系，最后等待软文作品出炉并验收即可。验收时要注意检查软文质量是否符合自己的要求，并检查软文是否按约定投放到了各个宣传平台。

【任务实训】

请同学们对照表2-3所示的实训任务单，完成本次课的训练任务。

表2-3 "软文营销"实训任务单

实训内容	项目二 扶商助商——"泰乐美食"传统网络营销 任务2 软文营销	分数	
实训对象		学时	
实训目的	1. 掌握软文营销策略 2. 能够进行软文的书写与推广		
教学设备及软件	个人计算机、Office办公软件、手机等		
实训建议	个人计算机及手机均能连接互联网		

1. 掌握软文营销策略。
2. 为"泰乐美食"策划一次软文营销活动，要求如下。
(1) 书写一篇软文，要求为原创文章，文章的质量度高，吸引读者阅读，并巧妙地插入广告。
(2) 寻找恰当的软文推广平台（建议寻找免费的平台，例如美食类的行业论坛、美食类贴吧、58同城等本地分类信息网站等），将文章发布到互联网上，为"泰乐美食"进行软文营销。

【知识拓展】

1. 原创文章

原创文章指的是独自撰写出来的文章。原创不属于歪曲、篡改他人作品或抄袭、剽窃他人作品而产生的作品，也不属于改编、翻译、注释、整理他人已有作品而产生的作品，特指自己写的、非抄袭或转载的文章。

2. 原创文章的书写原则

(1) 文章不需要太长，400～500字即可。
(2) 适当布局关键词，关键词密度为2%～8%。
(3) 适当布局热搜词，以提高文章的热度和流量。

【任务拓展】

请同学们对照表2-4所示的拓展训练任务单，完成本次拓展训练任务。

表2-4 "软文营销"拓展训练任务单

训练内容	项目二 扶商助商——"泰乐美食"传统网络营销 任务2 软文营销	分数	
训练对象		学时	
训练目的	1. 掌握软文营销的相关理论 2. 能够进行软文的书写与推广		
教学设备及软件	个人计算机、Office办公软件、手机等		
训练建议	个人计算机及手机均能连接互联网		
以"如何进行软文营销"为题，采用记忆改写法或读后感法，书写一篇软文，要求如下。 (1) 字数为400～500字，标题格式为小三号字体、加粗、居中，正文格式为小四号字体、1.5倍行距。 (2) 关键词为"软文营销"，排版时首个出现的关键词应加粗。 (3) 做好关键词布局，使"软文营销"关键词的密度不低于2%。			

【习题与反思】

1. 软文的写作技巧有哪些？
2. 请查找2篇经典的软文案例，并在课堂上分享。

任务3　搜索引擎营销

【任务描述】

信息技术的飞速发展直接影响了人类的生活方式，我们每天都在使用搜索引擎对信息进行查询与检索。调查结果显示，国内使用率最高的搜索引擎是百度搜索，且以绝对优势遥遥领先。有流量的地方就会有营销，百度基于庞大的网络用户群体，为中小企业和个人提供搜索引擎营销服务。

请认真学习搜索引擎营销的方法与策略，为"泰乐美食"制订搜索引擎营销计划。

【学习目标】

知识目标	1. 掌握搜索引擎优化的方法 2. 掌握搜索引擎营销的方法及策略（重难点）
能力目标	1. 能够进行搜索引擎优化 2. 能够进行搜索引擎营销
素养目标	1. 具备良好的自主学习能力 2. 具备良好的交流沟通能力 3. 具备优秀的语言组织和文字撰写能力

【知识学习】

搜索引擎营销（Search Engine Marketing，SEM）是指基于搜索引擎平台的网络营销，利用人们对搜索引擎的依赖和使用习惯，在人们检索信息时将信息传递给目标用户。搜索引擎营销的基本思想是让用户发现信息，并进入网页进一步了解所需要的信息。所以，搜索引擎营销有两个基本条件，一是要推广的信息被搜索引擎收录，二是该信息在搜索结果中排名靠前。

搜索引擎营销包括搜索引擎优化（Search Engine Optimization，SEO）、付费排名、精准广告、付费收录等。

国内使用人数最多的搜索引擎平台是百度搜索，因此本任务将以百度搜索为例讲解如何进行搜索引擎营销（主要讲解搜索引擎优化排名以及百度推广，百度推广一般指百度营销）。

当我们搜索知名景点"金石滩"时，排在第一名的网站后标注了"广告"，这就是通过百度搜索推广的方式进行的搜索引擎营销，如图2-7所示。排在第二位、第三位的网站并未做广告标注，也就是自然排名。可以肯定的是，这两个网站一定也经过搜索引擎优化，不然很难获得如此靠前的自然排名。

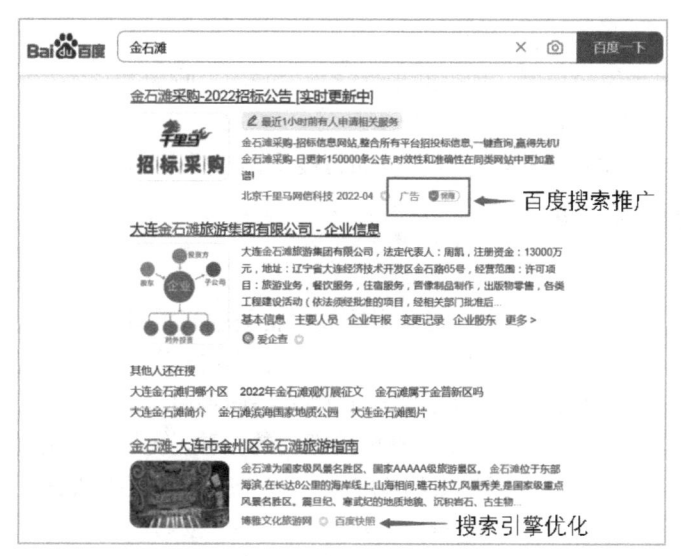

图2-7 "金石滩"搜索结果

搜索引擎优化是指总结搜索引擎的排名规则，对网站进行合理优化，提高网站在搜索引擎中的排名。所以，搜索引擎优化其实就是在搜索引擎的自然排名中获得关键词排名的技术。

1. 搜索引擎的工作原理

要进行搜索引擎优化，首先需要了解搜索引擎的工作原理。网站怎样才能在百度中被用户找到呢？首先，百度需要发现网站（网站站长可通过百度网址提交入口将网站的网址告知百度，也可将网址发布到其他平台上等待百度自行抓取），然后抓取网址，如果网站中的内容被判定为原创，百度会将网站中的页面保存到索引库中。当有用户搜索某关键词时，百度会快速分析网站内容，按照"相关性、权威性、实用性"的原则，为网站排名并给予展示，如图2-8所示。

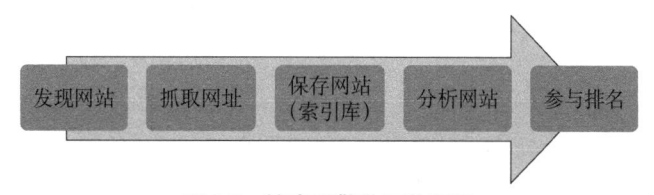

发现网站 → 抓取网址 → 保存网站（索引库）→ 分析网站 → 参与排名

图2-8 搜索引擎的工作原理

2. 搜索引擎的排名规则

（1）相关性

相关性判定的是用户搜索词与网站内容的相关度。用户搜索词即通常所说的关键词，所以首先应该了解用户经常搜索哪些词，再把这些有流量的词合理地布局在网站中，以提高相关性。

（2）权威性

外部链接有助于提升网站的权威性，所以可以多为网站发一些高质量的外部链接。

（3）实用性

网站越实用，越受用户喜爱，越有助于优化搜索排名。收藏数越多，举报数越少（最好没有），说明网站的实用性越高。

如果网站被举报且举报不实，站长可以向百度提出申诉，申请恢复网站展示及排名。

3. 如何进行搜索引擎优化

（1）站内优化

① 关键词优化。关键词即用户在搜索引擎搜索框里输入的词，营销人员要选取能够代表用户购买意图、与自身业务相关、搜索量大的词作为网站的关键词。一般来说，可以为中小规模的网站选取 3~5 个核心关键词及若干个长尾关键词备用。

营销人员可以通过"百度指数"功能查询关键词的指数，衡量关键词的流量和热度。以旅游景点"张家界"为例，查询百度指数的步骤为：首先打开百度指数官方网站，登录自己的百度账号，将"张家界"输入到搜索框中，单击"搜索"按钮，即可查看该关键词的流量与热度、关键词搜索趋势、网友兴趣和需求、舆情动向等，并进行人群画像，如图 2-9 所示。

图 2-9 "张家界"的百度指数

为了满足搜索引擎排名规则中的"相关性"原则，营销人员需要将关键词布局在网站中的各个位置，例如网站标题、网站描述、网站的关键词标签、网站导航、公司介绍、栏目名称、栏目内容、文章标题、文章内容、内部链接、底部版权信息等。

② 网站标题优化。以"东北肉牛"为例，网站标题在百度搜索结果列表中的位置如图 2-10 所示。

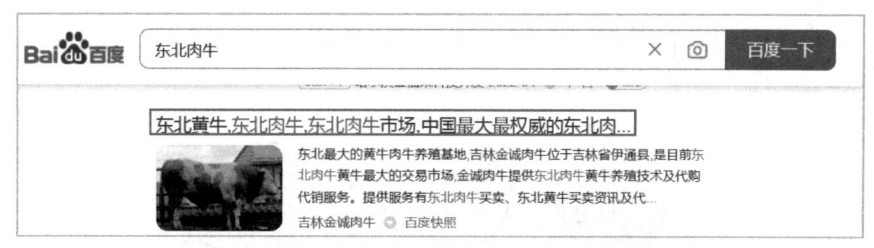

图 2-10　网站标题在百度搜索结果列表中的位置

对于网站来说，标题展示在浏览器最顶端的标题栏位置，如图 2-11 所示。

图 2-11　浏览器标题栏位置的标题

单击鼠标右键，选择"查看网页源代码"，即可查看标题的 HTML 语句，如图 2-12 所示。

图 2-12　标题的 HTML 语句

从图 2-12 中可以看出，网站标题写在一对"<title>""</title>"标记内，每个页面表达的内容不同，标题也不相同。各级页面的标题均要认真撰写，且不超过 33 个汉字。如果标题太长，后面的文字无法在百度搜索的结果列表中展示。各级页面标题的写法如表 2-5 所示。

表 2-5　各级页面标题的写法

结构	设置	写法参考
首页	3～5 个核心关键词	<title>关键词 1-关键词 2-关键词 3-关键词 4-网站名称</title>
栏目页	栏目名-品牌名	<title>栏目名-网站名称</title>
文章页	文章标题-品牌名	<title>文章标题-网站名称</title>

③ 网站描述优化。网站描述是网站内容的概括，也是围绕关键词写的一段语意连贯的话，约 70 个字。网站描述要包含 3～5 个关键词，重要的关键词可以重复提及，不重要的只出现一次即可。

④ 网站内部链接优化。通俗地讲，网站的内部链接是搜索引擎的蜘蛛程序爬行网站各个

页面的入口和通路，所以网站的内部链接必须多样化且通畅，不能有错误链接或"死链接"。内部链接常见的十种形式如图 2-13 所示。

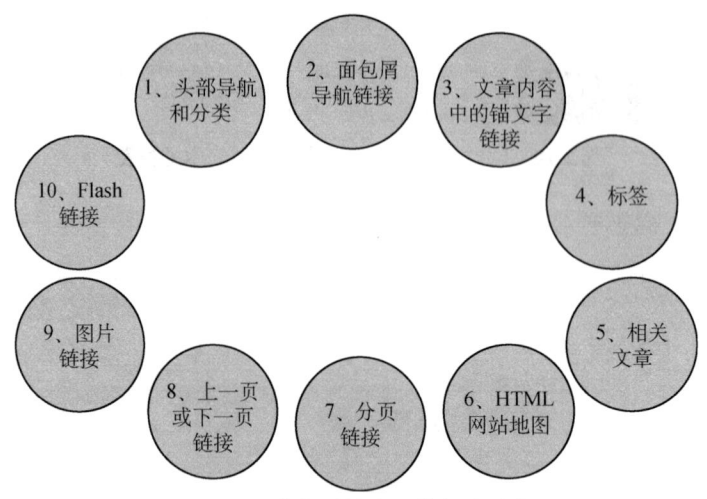

图 2-13　内部链接常见的十种形式

（圆圈内容：1、头部导航和分类；2、面包屑导航链接；3、文章内容中的锚文字链接；4、标签；5、相关文章；6、HTML 网站地图；7、分页链接；8、上一页或下一页链接；9、图片链接；10、Flash 链接）

营销人员可以在设计网站时就将内部链接规划进去。丰富且顺畅的内部链接会增加网站被搜索引擎收录的页面数量，提高网站权重。

如果网站空有排名，没有流量，可以先通过 Robots.txt 文件屏蔽蜘蛛爬行，快速改版后取消屏蔽，再次向百度提交网址。

营销人员可以使用"死链接"检测工具定期检测网站的内部链接，一旦发现错误链接或"死链接"，可以在源代码中进行修改，或者通过 Robots.txt 文件屏蔽该链接。

⑤ 图片优化。目前，搜索引擎对图片的识别度很低，无法理解图片所包含的内涵。因此，如果网站的图片较多、文字较少，不利于帮助搜索引擎理解网站。

图片优化主要是指增加图片的文字说明，这样做有几点好处，一是可以帮助搜索引擎理解图片内容，二是可以提高关键词密度进而提高关键词排名，三是可以让搜索引擎将此图片收录到索引库中。当有用户搜索图片的文字说明中提到的关键词时，图片就有可能得到展示，为网站带来一定的流量。

如何为图片增加文字说明呢？营销人员只需在网站前台页面的 HTML 语句中为图片添加 alt 属性。例如，源代码 "<img src="bookpic/2022051.jpg" width="160" height="125" />" 中没有 alt 属性，正确的应该是 "<img src="bookpic/2022051.jpg" width="160" height="125" alt="皇家狗粮"/>"。

为图片添加了 alt 属性后，当鼠标光标移动到该图片上时，会弹出文字提示，说明该图片的内容，如图 2-14 所示。建议将网站的关键词也适当融入图片的文字说明中。

⑥ URL 优化。URL 即网页地址，也就是通常所说的网址。URL 优化是站内优化非常重要的环节，因为网站的 URL 直接影响着网站的收录和权重。

首选域即首选域名，是指在若干个 URL 中选取最佳 URL 的过程，这里通常指主页。一个网站的首页通常可以通过几个不同的 URL 访问，如果两个 URL 都能正常访问且进入同一个网页，就会出现"双收录"的情况，这是不利于搜索引擎优化的。所以，营销人员要选择其中一个作为首选域。

图2-14 图片的文字说明效果

此外，营销人员要尽量保证URL是静态域名，且URL尽量短，目录层次不要过多。中小型网站的目录层次建议不超过3层，以免因目录层次太多造成搜索引擎蜘蛛程序爬行和抓取困难。

⑦ Robots.txt文件优化。Robots.txt文件是搜索引擎蜘蛛程序访问一个网站时最先读取的记事本文件，该文件定义了搜索引擎蜘蛛程序的爬行和抓取权限。哪些页面可抓取，哪些页面禁止访问，都会在Robots.txt中进行规定。

Robots.txt文件存放在网站根目录下，访问"http://网站网址/Robots.txt"就可以打开该文件。如果不存在该文件，则搜索引擎蜘蛛程序默认这个网站允许抓取全部内容。

⑧ "死链接"与404页面。"死链接"是指原来正常但后来失效的链接。打用户打开"死链接"时，会提示该页面无法显示，服务器会返回默认的未经特殊设计的404页面。

默认的404页面很不友好，进入这样的页面后，用户通常会选择关闭网页离开网站。好的网站都会精心制作404页面，这是搜索引擎优化的细节，也是增强用户体验的做法。404页面要简洁明了、突出重点（页面内的Logo和导航）。Logo能告诉用户当前仍然在网站内部，并没有跳出；导航则对于用户有引导作用，引导用户进入网站其他页面，防止用户流失。

互联网上有很多可用的404页面模板，网站设计者可以通过修改模板来制作自己的专属404页面。需要注意的是，不要强迫用户跳转到首页或者其他页面，一定要取消自动跳转，使用户有更多选择权。

⑨ 站内更新。企业网站需要定期、定量更新资讯文章。只有不断更新，搜索引擎才认为有来访的必要，用户才能真正从网站中获得较为实用的信息。站内更新的操作要点如下。

● 定期更新文章。
● 在文章标题后设置访问数量栏目，使网页发生变化，带动网站更新。
● 在每篇文章下面增加评论功能，使留言带动网站更新。
● 增加"相关文章""最新文章"等栏目，使网站有新文章发布时，全站所有页面随之更新。
● 在新更新的文章中布局关键词，选取1~2个关键词布局锚文本链接，指向该关键词对应的站内网页。需要重点强调的某个关键词可以设置为加粗效果。

（2）站外优化

站外优化是指为网站发布外部链接，增加网站外部链接的质量和数量，从而提高网站的站外优化效果。站外优化的目的是提高网站的权威性。

站外优化的操作方法为：投放普通外链、交换友情链接、操作站群等。

（3）微优化

微优化的目的是提高网站的实用性，提高网站的分享数、收藏数，降低网站投诉及举报次数，如图2-15所示。

图2-15　网站微优化

4. 百度营销的优势

（1）全系列、多场景超级流量

百度每天有超60亿次的搜索请求、超1亿次的用户浏览、超800亿次的定位服务请求，覆盖了用户的线上/线下生活全场景。

（2）把广告展现给精准用户

百度营销借助百度搜索和资讯流推荐，基于超过200万种特征，能识别每一位用户的真实需求及兴趣爱好。

（3）通过AI技术智能投放

百度营销能精准洞察用户的行为和爱好，实现广告的一站式投放，打造营销闭环。

（4）灵活调整广告费用

系统会根据预算和营销目标，以更低的成本实现更好的广告效果。

5. 百度营销广告

百度营销广告主要包含搜索推广、信息流推广、品牌推广、开屏推广、聚屏推广等类型。

（1）搜索推广

搜索推广基于百度搜索，在搜索结果的显著位置优先展示广告主的推广信息。只有用户进入广告，广告主才需要付费。用户主动搜索关键词时，能立即看到广告主的产品及服务。

如图2-16所示，当用户搜索旅游景点"金石滩"时，展示在第一位的是一条搜索推广信息，用户可以看到"广告"两个字。

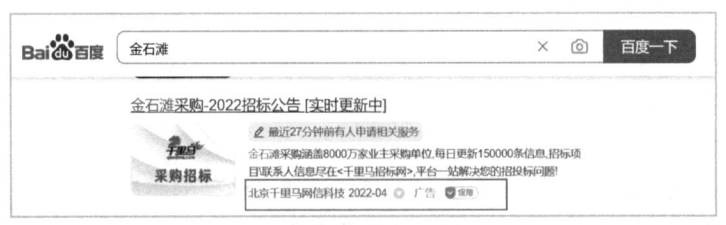

图2-16　百度搜索推广

（2）信息流推广

信息流推广是在百度 App、百度首页、百度贴吧、百度手机浏览器等资讯流中穿插展现的原生广告，广告即是内容。这种推广方式将推广信息自然融入在各类资讯、信息中，易传播，易操作。

如图 2-17 所示，当用户浏览百度手机浏览器时，会在资讯流中看到穿插的广告。

图 2-17　百度手机浏览器信息流推广

如图 2-18 所示，当用户浏览百度贴吧时，帖子标题之间会有穿插的信息流广告。这些广告不易识别，很容易被当作正常内容。当打开某个帖子时，也会在里面发现类似的信息流广告。

图 2-18　百度贴吧信息流推广

(3)品牌推广

品牌专区位于百度搜索结果的首位,以文字、图片、视频等多种广告形式全方位展示企业品牌信息,可以提升企业的品牌推广效能。

(4)开屏推广

开屏推广以 App 开屏广告的样式为主,可以增强品牌的曝光率。

(5)聚屏推广

聚屏推广通过聚合多类屏幕触达消费者的多场景生活时刻,实现线上/线下广告整合和程序化投放。程序化数字屏幕广告可以全面覆盖用户的日常生活场景,强化品牌形象。

6. 百度搜索营销步骤

(1)了解产品/服务针对哪些用户群体。
(2)了解目标用户的搜索习惯,例如目标用户习惯使用什么关键词搜索产品。
(3)确定目标用户经常访问哪些类型的网站。
(4)分析目标用户最关注的产品特性,例如品牌、价格、性能、可扩展性、服务优势等。
(5)规划竞价广告账号及广告组。
(6)选择相关的关键词。
(7)撰写有吸引力的广告文案。
(8)投放网络广告。
(9)设计广告页面。
(10)评估广告转化效果。

7. 关键词广告排名的算法规则

随着搜索广告技术不断发展,关键词的展示机会由关键词广告的排名算法规则决定。关键词广告排名的影响因素如图 2-19 所示。

(1)排名原则

关键词出价即企业愿意为一次点击支付的最高价格。百度的计费机制保证了实际点击价格不超过广告主的出价,一些情况下甚至可能远低于广告主出价,为广告主尽可能地节省推广预算。

关键词质量度主要反映网友对关键词及关键词创意的认可程度,影响因素包括关键词的点击率、相关性、创意水平、账号表现、网页质量等。企业可以通过优化关键词的质量度(特别是提高关键词与创意的相关性)来降低最低展现价格。

点击率是指推广信息的点击次数与展现次数的比例,点击率高说明企业提交的关键词与网友搜索的关键词高度相关,网友兴趣大、关注度高。

相关性主要指关键词与创意的相关程度以及关键词与目标页面的相关程度。

广告创意要围绕关键词,突出卖点,例如价格、促销、独特优势等。

账号表现是指账号内其他关键词的历史推广表现。

网页质量是用户点击广告后的网站体验指标。

排名越靠前,推广结果越能吸引网友的关注,带来更多潜在用户,加深网友对网站、品牌的印象。在关键词质量度相同的情况下,出价越高,排名越靠前;在出价相同的情况下,质量度越高,排名越靠前。

```
                            ┌─ 点击率 ──── 排除位次、地域等因素
                            │
                            ├─ 相关性 ──── 关键词与创意
                            │             关键词与目标页面
                            │
              ┌─ 关键词质量度 ─┼─ 广告创意 ── 通顺度
              │             │             吸引力
              │             │
              │             ├─ 账户表现 ── 账户内其他关键词的
              │             │             历史推广表现
展现位置 ─────┤             │
左侧VS右侧    │             └─ 网页质量 ── 用户点击广告后的
              │                           网站体验指标
              │
              │             ┌─ 最高价格 ── 企业主为词和单元设置
              └─ 关键词出价 ─┤             的最高价格
                            │
                            └─ 最低展现价格 ─ 商业价值
```

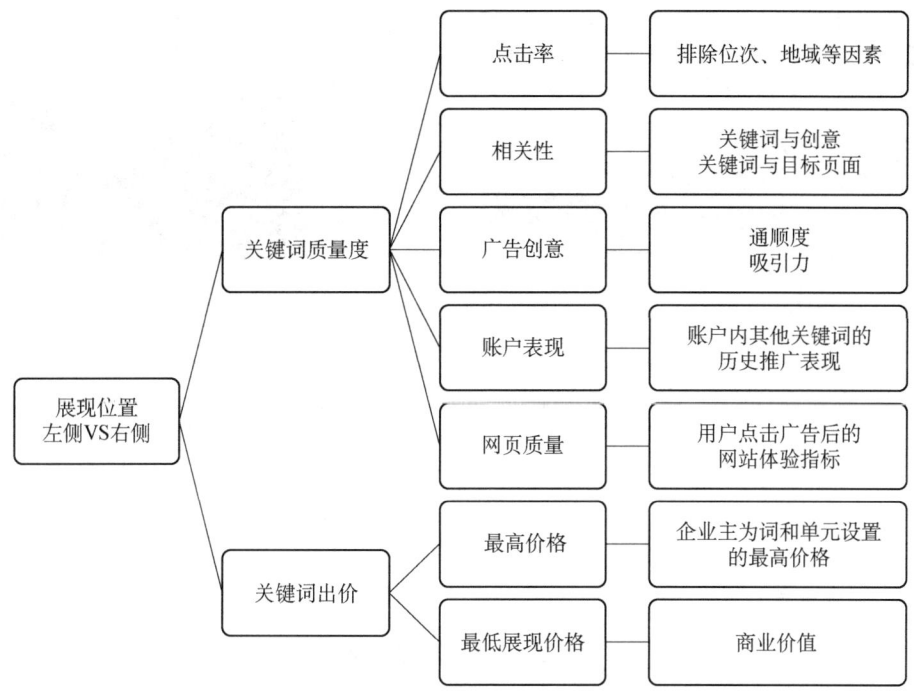

图 2-19　关键词广告排名的影响因素

（2）付费的计算方法

付费的计算方法为：点击价格=（下一名的出价×下一名的质量度）/本关键词的质量度+0.01。如果关键词排在所有推广结果的最后一名，或者仅有一个可以展现的推广结果，则点击价格为关键词的最低展现价格。

付费规则可归纳为"只有点击才收费，无限次的展现都免费，收费时只比下一名多 1 分钱"，这充分体现了企业的竞争力，给了企业公平的竞争机会。只要推广信息的质量高，符合潜在用户的需求，就能获得好位置。

8. 注册百度营销账号

企业的营销人员可以通过百度营销网站注册百度营销账号，按要求填写邮箱地址等信息，之后会提示注册成功。注册之后，单击"开始使用"按钮就可以体验百度营销产品，可以通过"搜索推广""百意"等渠道为自己的产品做推广，如图 2-20 所示。第一次接触时，可以单击"视频介绍"按钮详细了解该产品的使用方法，也可以单击"进入引导"按钮，在平台的引导下熟悉操作步骤。

下面以销售空调、热水器为例，介绍推广业务、营销目标、推广单元。

推广业务是指经营范围内提供的产品或服务，可以为空调、热水器建立两项推广业务。

营销目标是指投放计划的目的，例如提升网站访问或推广 App 等。

推广单元是推广计划的细分，依据实际情况，可以在每个推广业务下建立若干个推广单元。例如，在"空调"推广业务下，建立两个推广单元，其中一个单元为"每周一到周五面向东北地区的用户展示该广告"，另一个推广单元为"周六、周日面向全国用户展示该广告"。当然，也可以依据实际情况设置不同的推广单元，针对性地进行广告投放。

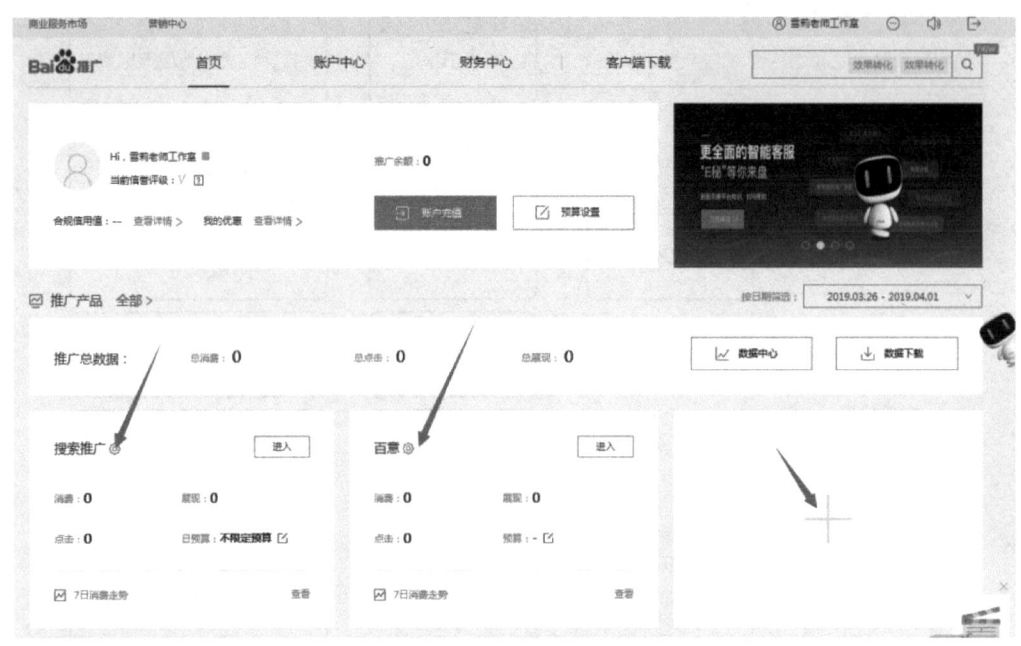

图 2-20　百度营销渠道

9. 百度营销——搜索推广案例展示

下面以提升网站访问量为营销目标，进行一次百度搜索推广设置。

（1）设置营销目标为"提升网站访问"，搭建方式选择"标准搭建"，推广业务选择"IT电商及服务平台"，输入推广网址（练习时可在此处输入虚拟网址），如图 2-21 所示，之后单击"继续"按钮。

图 2-21　设置营销目标、搭建方式、推广业务

（2）新建推广计划。本案例的推广计划名称为"网站制作"，之后设置推广地域和推广时段，如图 2-22 所示。本案例的推广方式选择"关键词"，出价设置为"以计算机出价为基准"，然后设置每日预算、否定关键词以及定向投放人群，最后单击"保存并新建单元"按钮。

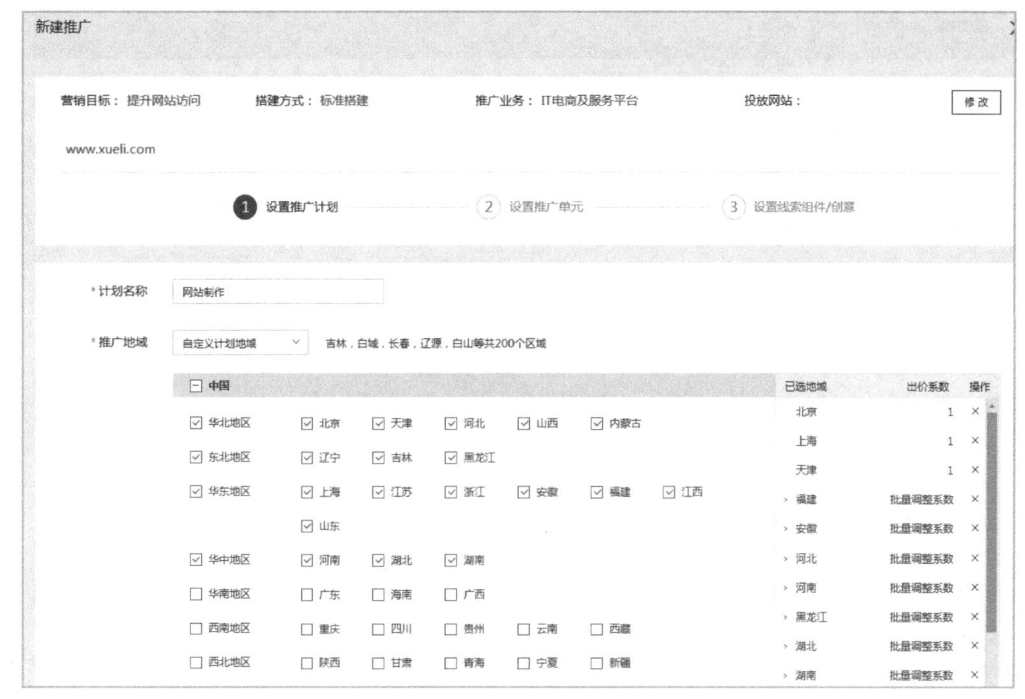

图 2-22 新建推广计划

（3）新建单元。按提示继续操作，然后单击"下一步新建创意"按钮，如图 2-23 所示。

图 2-23 新建单元与单元设置

（4）新建创意文案，包括创意标题、创意描述第一行、创意描述第二行、落地页信息、图片设置等，在页面右侧可随时预览移动端及 PC 端的广告展示效果，如图 2-24 所示。

（5）按照系统提示及引导，完成后续其他设置并将广告发布出去。

图 2-24　新建创意文案

10. 百度营销——百意投放广告案例展示

下面以手机网站为例讲解如何进行百意广告投放。

（1）设置推广计划。所有必填项目及选填项目都可依据实际情况进行调整，如图 2-25 所示。

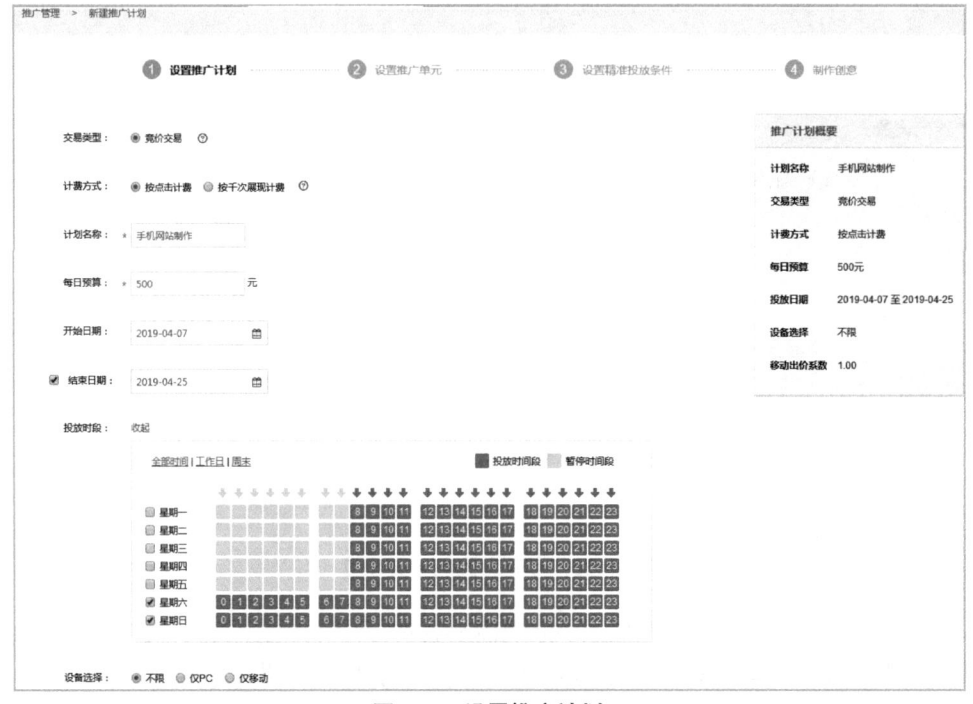

图 2-25　设置推广计划

（2）设置推广单元。推广位可以是"固定""视频暂停贴""信息流"等形式，设置单元出价及投放时段后单击"提交"按钮，如图 2-26 所示。

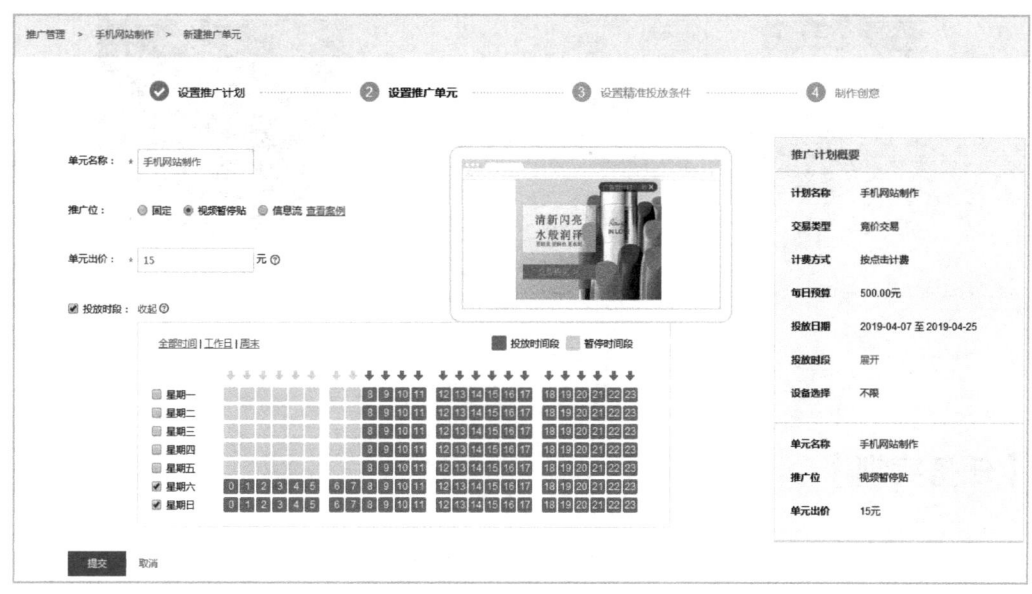

图 2-26　设置推广单元

（3）设置精准投放条件。设置投放设备所采用的操作系统、投放区域及位置定向、投放媒体等，如图 2-27 所示。

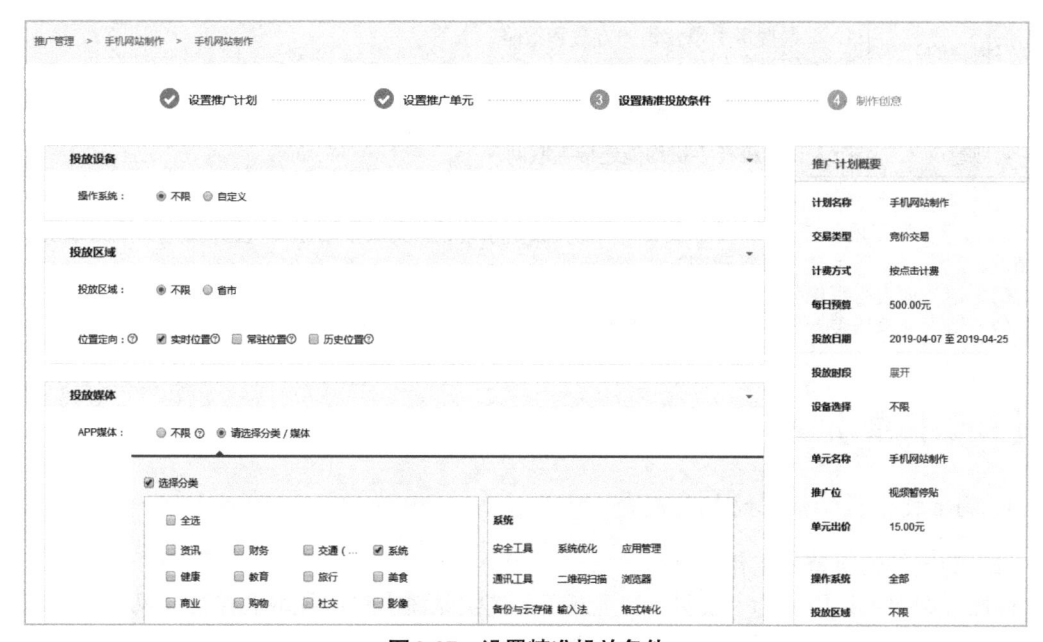

图 2-27　设置精准投放条件

（4）新建创意，并在页面右侧预览创意效果，如图 2-28 所示。
（5）查看其他可设置选项，如果无更多需求，可提交广告。

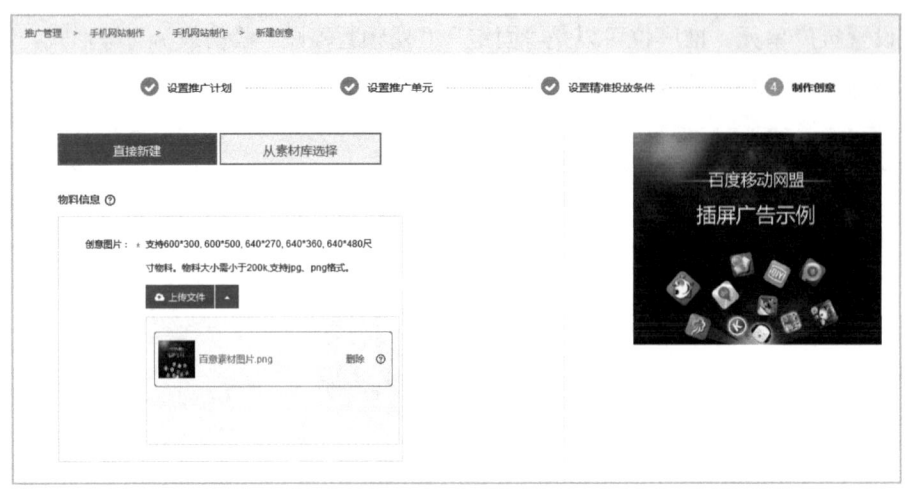

图 2-28　新建创意

【任务实训】

请同学们对照表 2-6 所示的实训任务单,完成本次课的训练任务。

表 2-6　"搜索引擎营销"实训任务单

实训内容	项目二　扶商助商——"泰乐美食"传统网络营销 任务 3　搜索引擎营销		分数	
实训对象			学时	
实训目的	1. 掌握搜索引擎营销的方法和策略 2. 能够进行搜索引擎营销			
教学设备及软件	个人计算机、Office 办公软件、手机等			
实训建议	个人计算机及手机均能连接互联网			
1. 掌握搜索引擎营销的方法和策略。 2. 进行搜索引擎营销,为"泰乐美食"策划搜索引擎营销,完成策划方案(要求策划方案为原创,方案精准、适合"泰乐美食"进行营销)。 (1)请从搜索引擎优化的角度为"泰乐美食"书写一份网站策划方案,供网站制作人员参考。 (2)请为"泰乐美食"注册账号,并分别实施搜索推广和百意推广。				

【知识拓展】

1. 淘宝搜索引擎优化的相关概念

(1)淘宝搜索引擎的工作原理

商品(淘宝系统内称为"宝贝")上新后,淘宝系统会进行抓取和审核,只要审核通过,用户在淘宝搜索时就会展示收录的商品,如图 2-29 所示。

(2)淘宝搜索引擎优化

传统的淘宝搜索引擎优化是指通过优化商品标题、类目、上/下架时间等来获取较好的排名,从而获取淘宝搜索流量。

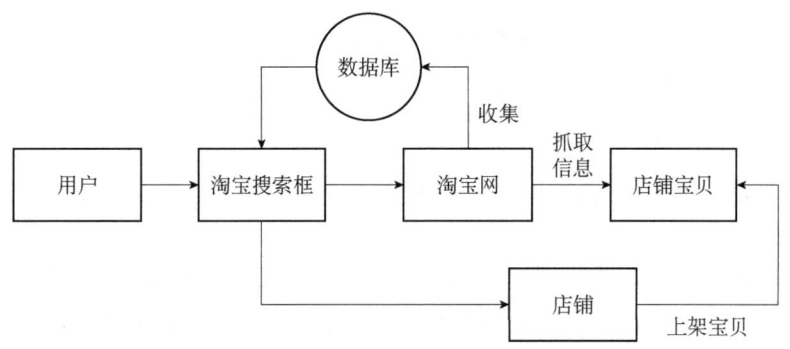

图2-29 淘宝搜索引擎的工作原理

广义的淘宝搜索引擎优化包括搜索优化、类目优化、淘宝活动优化等,也叫作淘宝站内免费流量开发,是最大限度地吸取免费流量从而销售商品的一种技巧。

(3) 主要指标

如果一个独立访客访问了三个页面,那么刷新次数为3。如果刷新次数与独立访客的比例过低,说明网店的浏览"深度"太"浅"。正常来讲,刷新次数与独立访客的比例应该为2~3。

展现量是指商品被访客看到的次数。要进行转化,就必须有访问量;而要有访问量,就必须有展现量。

跳失率是指该关键词带来的所有入店次数中只访问了一个页面就离开的访问次数占比,跳失率越低越好。

(4) 商品的SKU

淘宝中所说的"SKU"是指商品的销售属性集合,供买家在下单时点选,例如"规格""颜色分类""尺码"等。

(5) 滞销商品处理

如果商品在90天内未售出且关键属性(价格、标题、主图等)连续90天未修改,这样的商品称为"滞销宝贝"。

滞销的原因很多,例如店铺商品数量过多、没有进行优化等。对于完全没有市场需求的商品来说,应直接下架或删除;有市场需求的商品可通过淘宝的系列活动进行反季清仓销售,例如限时折扣、满百就送、关联营销、站外推广等。

2. 淘宝搜索引擎优化的筛选排名步骤

当用户搜索一个关键词时,淘宝搜索机制会进行商品的筛选,这个筛选过程涉及以下六个步骤。

(1) 相关性筛选。当有用户在淘宝搜索商品名称时,淘宝会进行相关性筛选,将与搜索关键词相关的商品调出,屏蔽不相关的商品。例如,如果用户搜索"T恤",卖鞋的店铺会被直接屏蔽。

(2) 违规过滤。有过违规行为的店铺会被直接屏蔽。

(3) 优质店铺筛选。淘宝会优先选择权重高的店铺,所以提高店铺权重至关重要。

(4) 优质商品筛选。淘宝会优先展示权重高的商品。

(5) 上/下架筛选。淘宝将很多优质商品筛选出来后,会按照下架时间排序,临下架商品会得到更好的展示排名。

（6）橱窗推荐。淘宝会将橱窗推荐的商品优先展示出来。

3. 其他淘宝推广方法

（1）淘宝直通车

淘宝直通车是为淘宝和天猫卖家量身定制的，是按点击量付费的效果营销工具，可以实现商品的精准推广。

淘宝直通车的竞价结果可以在淘宝网上充分展示（以图片+文字的形式）。每件商品可以设置200个关键字，卖家可以针对每个竞价词自由定价，并且可以看到在淘宝网上的排名位置，按实际点击量付费（每个关键词的最低出价为0.05元，最高出价为99元，每次加价最低为0.01元）。

（2）淘宝钻石展位

钻石展位是淘宝网图片类广告位的竞价投放平台，是为淘宝卖家提供的一种营销工具。钻石展位依靠图片创意吸引买家点击，获取巨大流量。

钻石展位是按照流量竞价售卖的广告位。计费单位为CPM（每千次浏览单价），按照出价从高到低进行展现。卖家可以根据群体（地域和人群）、访客、兴趣点三个维度设置定向展现。钻石展位还提供数据分析报表和优化指导。

钻石展位的投放步骤为：选择广告位→根据广告位的尺寸设计创意并上传→审核创意→制作投放计划→充值→完成投放。

【任务拓展】

请同学们对照表2-7所示的拓展训练任务单，完成本次拓展训练任务。

表2-7 "搜索引擎营销"拓展训练任务单

训练内容	项目二 扶商助商——"泰乐美食"传统网络营销 任务3 搜索引擎营销	分数	
训练对象		学时	
训练目的	1. 掌握搜索引擎营销的方法和策略 2. 能够进行搜索引擎营销		
教学设备及软件	个人计算机、Office办公软件、手机等		
训练建议	个人计算机及手机均能连接互联网		
为"泰乐美食"策划淘宝推广与营销，完成策划方案。 （1）要求策划方案为原创，适合"泰乐美食"进行营销。 （2）方案要求包括淘宝搜索引擎营销、淘宝直通车以及钻石展位三部分，字数为1000字以上。			

【习题与反思】

1. 搜索引擎营销与搜索引擎优化的区别与联系是什么？
2. 如何进行搜索引擎营销？

任务4　论坛营销

【任务描述】

论坛和贴吧向来是商家进行数字新媒体营销的必争之地，请认真学习论坛营销的方法与策略。

【学习目标】

知识目标	1. 了解论坛营销的含义 2. 掌握论坛营销的策略（重难点）
能力目标	能够进行论坛营销
素养目标	1. 具备良好的沟通能力 2. 具备优秀的语言组织和文字撰写能力 3. 具备团队合作精神

【知识学习】

1. 论坛营销的含义

以论坛、社区、贴吧等网络交流平台为渠道，以文字、图片、视频等为主要表现形式，以提升品牌、口碑、美誉度为目的，通过发帖等形式进行推广和营销的活动，即为"论坛营销"。

2. 论坛营销成功的标志

论坛营销成功的标志是不被删除、吸引眼球、打动用户、有人互动、有人转载等。

3. 论坛营销的流程

论坛营销的流程如图 2-30 所示。

（1）前期准备

进行论坛营销前，首先需要明确营销目的（例如导流、推广品牌等），其次要充分了解所推广的产品或品牌（包括产品或品牌的优势/劣势、用户人群、帮助用户解决哪些问题等），最后要确认用户群体，方便定位目标论坛。

（2）建立论坛数据库

在进行论坛营销时，需要了解用户通常浏览的论坛，并时刻关注行业论坛以及一些主题论坛。在这样的论坛中进行网络营销能极大地提高自身权威性，往往会起到事半功倍的效果。另外，企业的百度贴吧、行业百度贴吧等都可以作为论坛营销的主阵地。

寻找到目标论坛后，就要建立论坛数据库，建议将论坛名称、地址、分类、核心版块列表、论坛的活跃指数以及其他情况及时录入数据库系统，用于指导论坛营销的开展。

图 2-30 论坛营销的流程

（3）软文策划与撰写

发帖时需要起一个有吸引力的标题，巧妙地植入广告。将推广内容放在论坛签名中既不会引起网友的反感，也不会轻易被平台删帖。论坛的个性签名是指显示在帖子底部的文字、图像或者链接，有文本签名档、图片签名档、链接签名档三种模式。

① 文本签名档。绝大部分论坛都支持文字论坛签名，企业可以打造个性化的签名，在论坛签名中插入产品和服务的介绍，并且在论坛中留下签名链接，加大宣传力度。

② 图片签名档。顾名思义，图片签名档就是用图片做个性签名，把要宣传的内容（例如 Logo、网址等）合成到一张图片中，并设置为签名档，这样，每次发帖和回帖都相当于免费做了一次推广宣传，如图 2-31 所示。图片签名档的通过率高，推广宣传效果也出人意料。

图 2-31 图片签名档

③ 链接签名档。在签名档处放置链接可以实现免费推广以及为网站导流的目的。在放置链接时要注意措辞，用合适的词汇（一般使用网站关键词）描述链接的去处，指引网友点击。

每个论坛根据用户级别的不同对链接签名档有功能限制。有些论坛的签名处没有使用超链接的符号，但可以直接添加锚文本或超链接，这时需要了解一些基本的签名代码。

设置好签名之后应注意以下三个方面,才能使论坛链接更有效果。

第一,选择性回帖。企业应该选择一些人气高、有特点的帖子(例如置顶帖、节日贴、技术贴、热搜贴、加精贴等)进行回复,这样既不浪费时间,又可以增加帖子的曝光度。

第二,不要一直专攻论坛签名。

第三,多注册账号。在很多论坛里,一旦改动签名,之前所有添加外链签名的地方也会随之改变。因此,企业可以多注册一些账号,设置成不同的论坛签名,以满足不同时期的推广需要。

(4)工作安排

企业在每个论坛中要注册5个左右的不同账号,每个账号要上传不同的头像和签名。其中,主账号需要花精力设置,其他账号可以选择人们喜闻乐见的头像,有效地吸引网友注意。主账号可以制作一张尺寸适中的广告图片作为头像,加大曝光率。

(5)数据统计

企业要及时采集和统计各论坛的反馈数据,方便后续进行论坛营销效果分析。

(6)效果分析及对比

网络论坛营销的效果指标主要有浏览量、回复量、搜索表现和口碑环境等。

4. 百度贴吧营销

百度贴吧按照不同的主题分成了各个行业和领域的贴吧,聚集了大量用户群体。因此,企业利用百度贴吧寻找用户群体并开展相应的营销活动有巨大的优势。

百度贴吧的营销流程为:选择贴吧→撰写内容→发布主题帖→顶帖回复→数据分析。

利用贴吧进行营销是一个持续的推广活动,帖子发布成功后,还需要进行后期维护。中午和晚上是上网人数比较多的时候,所以可以把顶帖时间安排在 9:00~10:00 和 16:00~17:00。此外,营销过程中要注意不能重复发帖,要撰写优质内容。

【任务实训】

请同学们对照表 2-8 所示的实训任务单,完成本次课的训练任务。

表 2-8 "论坛营销"实训任务单

实训内容	项目二 扶商助商——"泰乐美食"传统网络营销 任务 4 论坛营销	分数	
实训对象		学时	
实训目的	1. 掌握论坛营销的方法和策略 2. 能够进行论坛营销		
教学设备及软件	个人计算机、Office 办公软件、手机等		
实训建议	个人计算机及手机均能连接互联网		
为"泰乐美食"策划论坛营销,完成策划方案,并按方案实施。要求策划方案为原创,文字为 800 字以上,方案科学、精准,适合"泰乐美食"进行论坛营销。			

【知识拓展】

1. 社群营销的定义

社群营销是指把一群有共同爱好的人通过情感以及社交平台连接在一起（例如微信群、QQ 群、微信公众平台等），通过管理使社群成员保持较高的活跃度，通过长时间的社群运营，提升社群成员的集体荣誉感和归属感，加深品牌在社群中的印象，提升品牌的凝聚力。

2. 社群营销的典型案例

微信公众号"凯叔讲故事"的创始人王凯曾是中央电视台经济频道《财富故事会》的主持人。2013 年，王凯辞职，凭借多年的播音主持经验和父亲对子女的爱开设了"凯叔讲故事"微信公众号，如图 2-32 所示。通过持续运营，该公众号已成为母婴类、生活类的顶级公众账号，粉丝破千万。

图 2-32 "凯叔讲故事"微信公众号

在账号起步阶段，王凯经常会为孩子讲睡前故事，但常常由于出差不能及时为孩子讲故事，他便通过录播的形式录制了一些故事。

随着影响力不断增加，"凯叔讲故事"的产品线不断丰富，王凯逐步与出版社、动画片制作方、视频宣发渠道开展合作，出版了漫画绘本和动画片。随着用户人群增加，"凯叔讲故事"的知名度日益提升，目前已衍生出"凯叔讲故事"App，其公众号的自定义菜单分为讲给孩子听的"听故事""听国学"等板块。经过持续的开发，课程内容已经十分丰富；优选商城提供定制化或优质产品的推荐，是社群商业化中重要的部分。

3. 社群裂变的途径

（1）低价推广做势能

"低价推广做势能"指的是在提高内容品质的同时降低收费标准，以降价吸引粉丝。

（2）口碑带新

"口碑带新"指的是让社群中的老成员通过口碑介绍拉动新用户加入。

（3）裂变拉新

"裂变拉新"指的是给已经进群或者外部的"大 V"一些利润，采取分销裂变的形式，让他们推荐一些用户加入社群，并给予推广者一定比例的提成。常见的提成比例为 30%～

50%。

（4）漏斗拉新

有些社群会采取"漏斗拉新"的模式，为会员免费提供一节公开课，课程结束后再对更高级的收费课程和社群进行推广。如果有新会员加入社群，就可以产生一定的收益，这就是"漏斗拉新"。

（5）合作导流

"合作导流"是指两个或多个经营品类相似、用户却不相同的社群相互置换资源，实现共同导流、共同壮大。例如，儿童摄影社群可以选择同城母婴社群进行合作导流。

4. 促活社群的方法

社群里活跃的用户大约占 20%，营销人员应该重点维护这 20%的活跃用户，增强他们在社群中的归属感。只有维护好与他们的关系，才能让社群的活跃气氛得到保持。此外，让社群保持活跃的方法还有打卡签到、物质奖励、定期清理、话题引导、引入意见领袖、私聊潜水用户等。

要让社群成员保持一定的活跃度，建立起情感连接，就要适当组织线下活动，消除陌生感。线下活动的开展流程如图 2-33 所示。

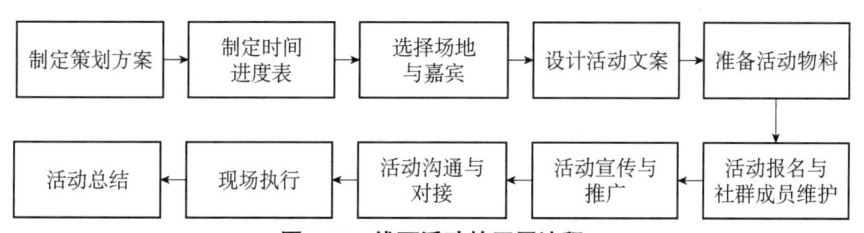

制定策划方案 → 制定时间进度表 → 选择场地与嘉宾 → 设计活动文案 → 准备活动物料

活动总结 ← 现场执行 ← 活动沟通与对接 ← 活动宣传与推广 ← 活动报名与社群成员维护

图 2-33　线下活动的开展流程

【任务拓展】

请同学们对照表 2-9 所示的拓展训练任务单，完成本次拓展训练任务。

表 2-9　"论坛营销"拓展训练任务单

训练内容	项目二　扶商助商——"泰乐美食"传统网络营销 任务 4　论坛营销	分数	
训练对象		学时	
训练目的	1. 掌握论坛营销的方法和策略 2. 能够进行论坛营销		
教学设备及软件	个人计算机、Office 办公软件、手机等		
训练建议	个人计算机及手机均能连接互联网		
1. 制订论坛营销方案并实施（必选作业）。 2. 围绕论坛营销方案及实施效果，制作汇报 PPT（必选作业）。 3. 准备汇报稿，在课上进行汇报展示（分层训练，非必选作业）。			

【习题与反思】

1. 请查找社群营销和论坛营销的典型案例各 1 个,并分享给同学们。
2. 如何进行论坛营销?
3. 如何进行社群营销?

任务5　电子邮件营销

【任务描述】

电子邮件作为企业办公以及个人社交的主流通信工具，拥有庞大的粉丝群体，可用于用户关系维护以及企业品牌（或产品）的营销推广。

通过本次任务的学习，请为"泰乐美食"策划电子邮件营销，制订并执行电子邮件营销方案。

【学习目标】

知识目标	1. 了解电子邮件营销的定义及基本要素 2. 掌握电子邮件营销的方法及策略（重难点）
能力目标	能够制订并执行电子邮件营销方案
素养目标	1. 具备创意策划及文字撰写能力 2. 具备良好的沟通能力 3. 杜绝垃圾邮件，在用户许可的前提下进行电子邮件营销

【知识学习】

1. 电子邮件营销的定义及特点

电子邮件营销是指在用户许可的前提下，通过电子邮件的方式向目标用户传递有价值的信息。企业可以通过电子邮件建立与目标用户的沟通渠道，向其直接传达相关信息。通常把电子邮件营销简称为 EDM（Email Direct Marketing）。

电子邮件营销具有覆盖范围广、操作简单、效率高、应用范围广、反馈率高、精准度高等特点。

2. 电子邮件营销的开展过程

电子邮件营销的开展过程如图 2-34 所示。

3. 获取电子邮件地址的方法

企业可通过期刊订阅功能、有奖调查（调查者在填写有奖调查问卷时，需要填写自己的邮件地址）、官网注册会员、购买或交换、网上搜集、软件生成等方法获取电子邮件地址。

4. 文案的写作方法

写好电子邮件文案是电子邮件营销中比较关键的一环，文案写作时要注意以下几点。

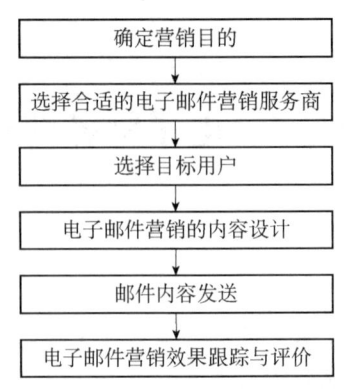

```
┌─────────────────┐
│   确定营销目的   │
└────────┬────────┘
         ↓
┌─────────────────────┐
│ 选择合适的电子邮件营销服务商 │
└────────┬────────────┘
         ↓
┌─────────────────┐
│   选择目标用户   │
└────────┬────────┘
         ↓
┌─────────────────────┐
│  电子邮件营销的内容设计  │
└────────┬────────────┘
         ↓
┌─────────────────┐
│   邮件内容发送   │
└────────┬────────┘
         ↓
┌─────────────────────────┐
│  电子邮件营销效果跟踪与评价  │
└─────────────────────────┘
```

图 2-34 电子邮件营销的开展过程

（1）主题设计

邮件主题能否吸引读者直接影响着邮件的打开率。设计邮件主题时，要注意广告色彩不要太浓，要换位思考，站在用户的角度去思考问题，看能为用户带来什么好处或者帮助。邮件主题要能表明发件人身份，避免使用大写字母、特殊字符（以免被邮件服务商判定为垃圾邮件）、敏感词汇等。

（2）正文信息设计

正文信息的设计主要从文案、图片、结构三方面着手。插入的图片应该新颖、独特、富有创意，给人耳目一新的感觉，色彩搭配不要过于花哨。

有些电子邮件用户端屏蔽了自动显示图片功能，订阅者可能会接收到无法正常显示图片的电子邮件。因此，在设计电子邮件时，要确保即使在无法显示图片的情况下，也可以展示必要信息。

（3）优化邮件布局

① 让邮件可被快速预览。好的整体布局可以让用户轻松地预览和了解邮件的整体概要。

② 吸引用户的注意力。用户可能不会阅读邮件的全部内容，但是至少会看到开头和每段最开始的部分，因此营销人员应该利用创意图片和独特的语言书写邮件开头。

③ 说服目标用户。让用户参与活动的关键在于突出展示用户参与活动的好处和价值，这样才会吸引用户。

④ 突出重点和目的。邮件要突出内容重点，保持目的鲜明性，使用户更快地完成转化。

⑤ 分割布局。营销人员可以在一封邮件中同时推广多款产品，把邮件分割为多个模块，每个模块的布局参照邮件布局要求，即开头具有吸引力、内容主体有说服力、结尾具有行动感召力等。

（4）文字要求

① 邮件标题不要太长，控制在 18 个字以内。

② 设定邮件主题时，不要在主题中加入带有网站地址的信息（例如"xx.com 祝您新年好"），否则容易被判定为垃圾邮件。

③ 页面的文字内容不要出现网址信息，否则容易被判定为垃圾邮件。

④ 书写标题时，标点符号需要切换成英文字符，这是因为中文字符的标点符号在某些标题中会显示乱码。

⑤ 少用感叹号、夸张的颜色、加粗字体、大写英文等，这些是典型的垃圾邮件吸引用户

眼球的方法，使用后容易被判定为垃圾邮件。

⑥ 不要使用垃圾邮件敏感词，否则容易被判定为垃圾邮件。垃圾邮件敏感词一般是带有促销性质的文字，例如免费、优惠、特惠、特价、低价、便宜、廉价、视频、赚钱、发财、致富、薪水、交友、支付、商机、法宝、宝典、秘密、情报、机密、保密、绝密、神秘、秘诀等。

5. 电子邮件营销的工具

一般来说，每个月向用户发送 2～3 封邮件为佳。目前，常见的邮件列表工具有 Google Groups、Yahoo Groups、QQ 邮件列表等，此外，以下几款电子邮件营销工具的市场反响也很好。

（1）Webpower

Webpower 提供了非常全面的功能，能针对不同的邮件营销需求量身定制一对一的解决方案，基本能满足用户的所有个性化需求。

（2）Focus Send

Focus Send 定位于在线营销的产品研究领域，拥有强大的数据管理能力、友好的编辑界面、完善的报表分析功能，为企业开展电子邮件营销提供了高效、便捷的方法。

（3）爱发信

爱发信为用户提供了免费服务，使用户能选择合适的邮件模板，轻松拖动文件，快速完成邮件内容编辑。爱发信在邮件的简易编辑功能上远超同类产品。

（4）MailPanda

MailPanda 是一款简易的邮件编辑工具，操作便捷，提供了免费服务，且不对服务或功能单独收费，总体费用较低。

6. 电子邮件营销的效果评价指标

（1）获取和保持用户资源的评价指标

获取和保持用户资源的评价指标主要是用户增长率和有效用户总数。一般来说，企业拥有的用户电子邮件地址在 500 个以上时才能发挥电子邮件营销的价值，因此企业需要积累电子邮件地址资源（尤其是真实存在的、有效的用户地址），尽可能吸引更多用户加入。

（2）邮件信息传递评价指标

邮件信息传递评价指标主要是送达率和退信率。

（3）用户接收信息的指标

用户接收信息的指标主要是开信率（阅读率）和删除率。

（4）用户回应评价指标

用户回应评价指标主要是直接收益、转化率、点击率、转信率、取消订阅率、投诉率等。

【任务实训】

请同学们对照表 2-10 所示的实训任务单，完成本次课的训练任务。

表 2-10　"电子邮件营销"实训任务单

实训内容	项目二　扶商助商——"泰乐美食"传统网络营销 任务 5　电子邮件营销	分数	
实训对象		学时	

实训目的	1. 掌握电子邮件营销的策略 2. 能够制订并执行电子邮件营销方案
教学设备及软件	个人计算机、Office 办公软件、手机等
实训建议	个人计算机及手机均能连接互联网

使用 MailPanda 为"泰乐美食"进行电子邮件营销,步骤如下。

步骤 1：加入与行业相关的 QQ 群,得到群成员的 QQ 账号,进而获得电子邮件地址,并制作成相应的表格。

步骤 2：打开 MailPanda 平台,创建邮件。

步骤 3：进行邮件设置。

(1) 设置邮件主题。

(2) 选择收件人列表。进入新建列表页面,通过"从 Excel 复制/粘贴""上传 CSV 或 Excel 文件"等方式导入或新建收件人列表(真正的电子邮件营销是经过用户授权和允许的,且收件人具有退订的权限以及操作入口,"创建订阅表格"功能可以实现用户退订功能)。

(3) 添加发件人。

(4) 设置回复地址。

步骤 4：选择编辑方式,可选择"模板编辑"或"HTML 编辑",如图 2-35 所示。

图 2-35 选择编辑方式

步骤 5：如果选择了"模板编辑",创作者可以对邮件的结构、内容进行设计,如图 2-36 所示。

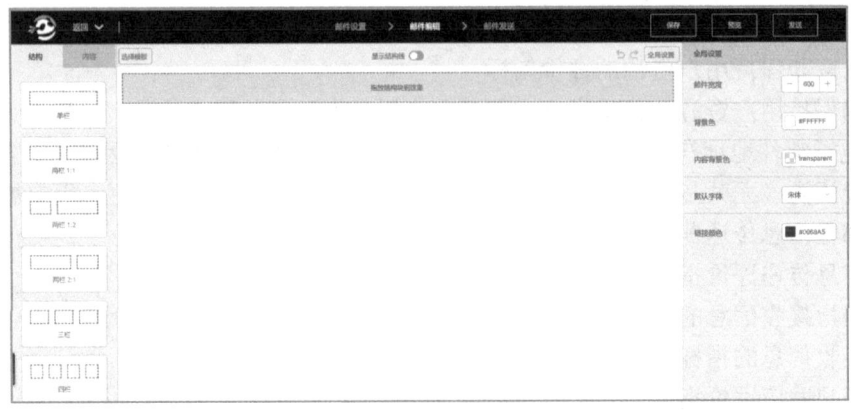

图 2-36 "模板编辑"界面

(1) 规划邮件布局

① 邮件顶部规划。通常情况下,邮件的顶部需要展示企业或者店铺的 Logo,这样用户打开邮件时可以立刻看到企业的名称。

② 邮件中间部分规划。通过表格将需要展现在中间部分的营销内容列举出来。

③ 邮件底部规划。底部空间无法展示更多的内容,但是可以把链接或二维码放在这里。

(2) 确定邮件布局的宽度

用户打开邮件后,页面不仅会显示营销邮件,还会显示邮件提供商提供的框架及内容。去掉邮件框架后,邮件布局的宽度通常设置为 650px。

(3) 编辑邮件

根据邮件的整体布局和规划,对每个模块的内容展现形式进行填充,根据营销内容编辑页面,完成之后单击页面右上方的"保存"按钮。

步骤6：发送邮件。单击"立即发送"按钮，页面会显示"是否确认马上发送邮件"的提示，如图2-37所示。单击"确定"按钮，会进入邮件内容审核页面，审核完成后，邮件就发送成功了。

基本信息

收件人列表	测试列表
邮件标题	dada
预览文字	未设置
发件人地址	███
回复地址	███

[快速测试 ▾] [立即发送 ▾] <<< 点击左侧"立即发送"即可获取发送效果跟踪报告，试试吧：）

图2-37　发送界面

步骤7：效果监控。后台自带监控功能，通过以下步骤可以进行营销效果监控。

（1）发送情况分析。"发送情况分析"功能会显示发送邮件数量、成功送达人数、送达率、一小时内打开人数、打开率等。

（2）打开分析。通过 MailPanda 的后台可以清楚地看到邮件的打开情况，同时还能看到打开邮件的收件人邮箱。

（3）点击分析。通过"点击分析"功能可以看到邮件发出之后的点击人数、点击总次数、点击人数占打开人数的百分比等数据，同时还可以看到点击排行。

（4）其他数据。除了以上内容，还可以在后台看到邮件退订、投诉分析、收件人行为习惯分析、客户端打开统计等数据。

【知识拓展】

1. 数据库营销的定义

数据库营销是指在信息分析的基础上，通过电子邮件、微信、短信、电话等方式与目标用户进行沟通，进行用户深度挖掘和关系维护。

数据库营销依靠的是庞大的动态数据库管理系统，核心是数据挖掘，有目标用户精准、投入成本低、隐性营销、增强用户忠诚度、有利于企业发展等特点。

例如，"米旗蛋糕"利用 O2O 数据库营销为用户办理会员卡，不仅可以使用户通过微信获得电子会员卡，也能更方便地掌握会员的地理位置信息、到店消费信息等，使会员数据库管理更全面、更便捷。

2. 数据库营销的步骤

（1）数据收集

数据收集的方式有三种，第一种是通过自有用户收集数据，例如网络论坛注册用户；第二种是通过市场调查、消费记录以及促销活动收集数据，例如通过网络有奖调查获得消费者数据;第三种是利用公共记录收集数据,例如银行客户数据、医院婴儿出生数据、人口统计数据记录、经济普查记录等。

(2) 数据存储

收集好用户信息后,就可以将其输入计算机,建立用户信息库。

(3) 细分用户

要依据不同情况对用户信息进行细分,归纳用户类型,建立用户信息数据库。这样做的好处是:当准备推广某产品时,可以马上从数据库中调出与之匹配的用户信息,进而实现精准营销。

(4) 完善数据库

营销人员需要随时更新和扩充数据库,使数据库里的信息及时反映用户的变化趋势。

【任务拓展】

请同学们对照表2-11所示的拓展训练任务单,完成本次拓展训练任务。

表2-11 "电子邮件营销"拓展训练任务单

训练内容	项目二 扶商助商——"泰乐美食"传统网络营销 任务5 电子邮件营销	分数	
训练对象		学时	
训练目的	1. 掌握电子邮件营销的方法和策略 2. 能够进行电子邮件营销		
教学设备及软件	个人计算机、Office办公软件、手机等		
训练建议	个人计算机及手机均能连接互联网		
1. 制订电子邮件营销方案(必选作业)。 2. 实施电子邮件营销方案(必选作业)。 3. 针对电子邮件营销方案的制订与实施效果,制作PPT,书写汇报稿,在课上进行汇报展示(分层训练,非必选作业)。			

【习题与反思】

1. 电子邮件营销如何分类?
2. 如何开展电子邮件营销?

任务6　百度百科、百度文库、百度知道营销

【任务描述】

百度作为全球最大的中文搜索引擎，为全球数以亿计的用户提供着搜索引擎信息服务，给现代人的生活带来了极大便利。百度百科、百度文库、百度知道等产品也成为了很多公司网络推广的首选对象，本任务详细讲解百度百科、百度文库、百度知道营销的方法。

【学习目标】

知识目标	掌握百度百科、百度文库、百度知道等平台的营销策略（重难点）
能力目标	能够进行百度百科、百度文库、百度知道营销
素养目标	1. 具备分析问题、解决问题的能力 2. 具备优秀的语言组织和文字撰写能力 3. 遵守互联网平台的规则，不夸大网络广告效果

【知识学习】

1. 百度百科营销

（1）百度百科简介

百度百科是百度公司推出的一个可供网友自由编写的在线百科全书平台，用户可以通过此平台编辑和发布百科词条，创造一个涵盖所有领域知识、服务所有互联网用户的知识性百科全书。

（2）百度百科的营销价值

百度百科的编写和审核流程比较严格，其展现的内容也相对全面和权威，企业通过百度百科平台营销可以树立品牌、提升权重、提高转化。

（3）百度百科词条的创建流程

创建百度百科词条时，首先要确定词条是否已创建，如果已经创建，则只能在原词条上修改；如果没有，则可以创建词条。词条创建流程大致可分为以下几步。

① 确定词条名称。规范的词条名称通常为一个专有名词，需要使用广为人知的名称，且不能具有广告性质。例如，如果想创建"网页效果图模型"词条，可在百度百科频道中搜索该词，然后单击下方的"我来创建"按钮进行创建，如图2-38所示。

② 编辑词条主题。进入编辑页面填写词条概述后，单击"下一步"按钮，进入词条主题选择页面，按照要求编辑词条的属性，选择正确的词条主题。

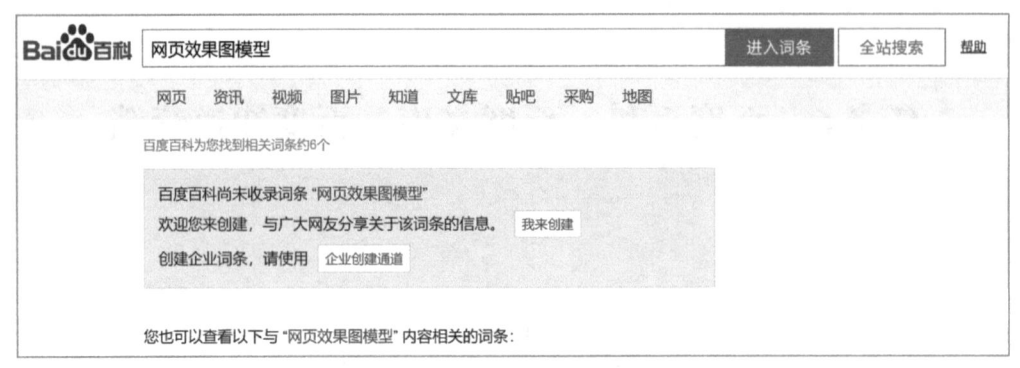

图 2-38　创建百度百科词条

③ 编辑词条内容。根据提示编辑词条内容，不同的词条分类有不同的内容结构。编写者可以加入自定义栏目内容，还可以添加相关的图片和视频。

④ 添加参考资料。一个合格的百度百科词条不但内容准确，而且要有权威的参考资料来证明其内容的真实性，这也是词条能够成功创建的关键一步。

⑤ 提交词条。填写词条内容后，单击页面上方的"提交"按钮提交词条。提交后词条会进入审核期，通过审核后即可在网页检索中展现。

（4）词条编写规则

① 应使用规范的语言文字，词条名称不能有个性化符号，也不能添加修饰词，例如不能以"好看的电影——建国大业"作为词条名称。

② 词条中不能出现 QQ 号码、电子邮件地址、外部链接等信息，否则会被判定为广告。凡是有助于提升词条质量的操作都是可行的，没有最小编辑量的要求。

③ 标题和概述应当简明扼要，不能与词条正文内容重复；词条主体部分不要出现任何网址链接；不要在目录中增加品牌名称，可以将要推广的网址链接放到"参考资料与扩展阅读"部分。

④ 要宣传的内容不能生硬地放在正文部分，可以把要宣传的内容合成到图片里，再把该图片上传至图册，如图 2-39 所示。

⑤ 多做任务、多升级，这样有助于提高文档的过审率。

2. 百度文库营销

百度文库是百度旗下供网友在线分享文档的平台，其内容以分享知识和经验为主。百度文库是企业进行网络营销的优质渠道，对于企业网站的搜索引擎优化也非常重要。

百度文库的文档全部是由用户上传的，百度文库自身不对文档进行编辑或修改，用户上传的文档内容通过百度文库审核后才能发布。通过审核的文章可供用户在线阅读和下载，上传通过的文档可以获得积分或现金奖励，下载有标价的文档则需要消耗积分或现金。

（1）百度文库的营销价值

① 增加曝光率。基于百度产品庞大的用户群体，百度文库的阅读浏览量非常高，可以有效增加品牌或产品的曝光率。同时，相关资料可以长时间存放在百度文库里，使企业进行持续推广，为企业带来源源不断的免费流量。

② 辅助搜索引擎优化。百度搜索引擎会给予百度文库较高的权重，给百度文库带来靠前的搜索结果排名。企业可以在文档中添加网址和锚文本。如果进行百度文库推广的企业申请

图 2-39　百度百科词条图册

了机构认证，那么在"机构简介"和"其他说明"里均可添加网址，辅助搜索引擎优化。

③ 塑造权威、专业的品牌形象。企业可以通过百度文库树立权威、专业的品牌形象，便于产品推广。

（2）百度文库的营销流程

企业进行百度文库营销时，并非只需要上传几篇软文。利用百度文库进行营销时也需要遵循相应的流程，才能达到营销目标，如图 2-40 所示。

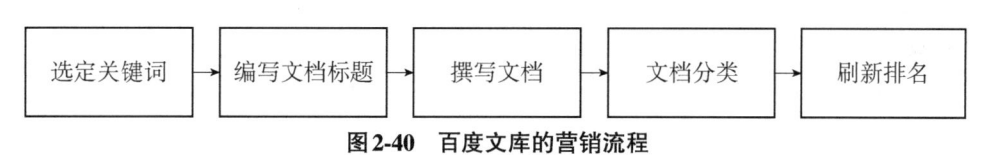

选定关键词 → 编写文档标题 → 撰写文档 → 文档分类 → 刷新排名

图 2-40　百度文库的营销流程

① 选定关键词。根据企业网络营销的整体策略选定关键词，营销人员可以使用百度指数等工具找到企业的营销关键词。

② 编写文档标题。文档的标题要根据文库内的同质内容排名情况来策划，同时还要注意文档标题不能带有明显的广告信息，可以从专业知识角度编写，在编写文档标题的同时还需要填写内容摘要。

③ 撰写文档。营销人员要避免上传内容同质化的文档，同时需要注意图文排版，吸引用户。高级账号在上传文档时可以在文档中的图片、页眉、页脚、文章末尾等处植入企业名称、网址信息等，帮助企业进行网络营销。

④ 文档分类。营销人员要根据文档内容选择相应的文库类别，之后上传文档，等待管理员审核。如果审核不通过，则需要根据提醒信息修改文档内容，或重新调整格式、换用其他账号重新发布。

⑤刷新排名。文档上传成功后可以通过下载、浏览、评论等方式提升文档在文库中的排名。

(3) 百度文库营销的注意事项

① 营销前准备好账号资源。利用百度文库进行营销时，尽量不要只用一个账号进行营销，因为如果账号提交的文档多次审核不通过，该账号的信用度就会降低，甚至会删掉该账号之前发布的文档。因此，为了降低账号风险，提高审核通过率，可以在文档上传前多准备些账号。

企业可以申请百度文库的机构认证，通过审核后百度文库会为机构建立主页。机构认证的好处在于可以获得优先品牌展现及现金收益等权益，还可以在页眉、页脚等位置加上企业Logo或网址。如果无法申请机构认证，运营者可以考虑申请专家认证，专家具有推广特权，文档审核通过率较高。

② 标题写作。文档标题最好带有关键词，标题越精简越好。从网站搜索引擎优化的角度来看，挖掘一些长尾关键词容易得到较好的结果排名。

③ 篇幅控制。上传文档的篇幅不宜过长，最好为3~4页，最多不超过10页，极其优质的文档可以不考虑篇幅。

④ 内容中尽量不要插入联系方式和链接，以免无法通过审核。

⑤ 不能插入违法图片。百度文库对上传的文档审核比较严格，违法图片不能通过审核，即便通过也会在短时间内被删除，同时还要承担相应的法律责任。

⑥ 最好以软文形式展现。对于需要宣传的信息，最好以软文的形式进行说明，这样不易引起用户的反感，同时可以增加通过率。

⑦ 优质文章内容。企业需要提供对用户有价值的高质量内容，如果是从网上复制或直接转载的文档，审核通过率很低。因此，文档最好是原创，且是对网友有益的优质内容，这样才能保证通过审核。

⑧ 文档格式。相对而言，PDF格式的文档审核通过的概率较大。此外，PPT文档虽然制作费时费力，但思路清晰、风格简洁，深受用户的欢迎。

⑨ 上传文档后可以将下载链接分享到QQ群以提高文档的下载量和浏览量。前期可以将文档设置为免费文档，提高下载量。

3. 百度知道营销

(1) 问答营销的概念

问答营销就是在遵守问答站点（百度知道）规则的前提下，通过发问或回答，巧妙地运用软文，将产品、服务植入问答中，达到第三方口碑效应。问答营销既能与潜在用户产生互动，又能植入广告，是重要的营销方式。

(2) 百度知道的营销价值

百度知道营销也被称为百度问答营销，从字面上分析，主要包括"问"和"答"两部分，有以下优点。

① 营销精准度高、转化率高、营销效果好。通过问答类网站寻求帮助的用户往往是对相关领域感兴趣或有需求的。

② 可信度高，口碑效果好。

③ 搜索引擎优化效果好。

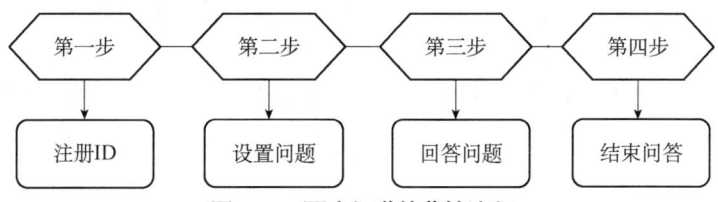

（3）百度知道的营销流程

百度知道的营销流程如图 2-41 所示。

```
┌─────┐   ┌─────┐   ┌─────┐   ┌─────┐
│第一步│──│第二步│──│第三步│──│第四步│
└──┬──┘   └──┬──┘   └──┬──┘   └──┬──┘
   │         │         │         │
┌──┴──┐   ┌──┴──┐   ┌──┴──┐   ┌──┴──┐
│注册ID│   │设置问题│ │回答问题│ │结束问答│
└─────┘   └─────┘   └─────┘   └─────┘
```

图 2-41　百度知道的营销流程

① 注册 ID。营销前需要准备百度账号，可以注册多个账号备用。账号的等级越高，回答问题时的通过率越高。在营销前期，等级不高的账号可以通过做新任务的形式提高等级和分数，加强账号权重。

② 设置问题。营销人员要学会换位思考，找到用户感兴趣或想知道答案的问题，通过一些站长平台查看长尾关键词的流量，围绕相关的高流量热门词进行提问。同时要注意，不要在同一时间密集提问，提问时间最好在 12:00 左右，这样有利于防止问题失效。

③ 回答问题。提问后，要通过不同账号进行回答，回答的内容尽量和问题相符，围绕问题做相关描述。

④ 结束问答。

【任务实训】

请同学们对照表 2-12 所示的实训任务单，完成本次课的训练任务。

表 2-12　"百度百科、百度文库、百度知道营销"实训任务单

实训内容	项目二　扶商助商——"泰乐美食"传统网络营销 任务 6　百度百科、百度文库、百度知道营销	分数	
实训对象		学时	
实训目的	1. 掌握百度百科、百度文库、百度知道营销的方法和策略 2. 能够进行百度百科、百度文库、百度知道营销		
教学设备及软件	个人计算机、Office 办公软件、手机等		
实训建议	个人计算机及手机均能连接互联网		
为"泰乐美食"策划百度百科、百度文库、百度知道营销，完成策划方案，并按方案实施。要求策划方案为原创、800 字以上，方案科学、精准，适合"泰乐美食"进行营销。			

【知识拓展】

1. 百度图片营销

百度图片营销是一种针对特定关键词的网络营销方式，当网友搜索某个关键词时，会出现与之对应的图片营销内容。如果图片上方标识了"广告"两个字，则为付费图片营销，其余为免费图片营销。

(1) 图片营销的操作流程

① 确定营销目的。一般来说，企业进行百度图片营销的目的有三点，一是促进销售，二是提升产品的知名度和口碑，三是提升企业品牌的知名度。

② 制作图片。根据企业的推广目的，推广人员要结合现有题材制作推广图片。

③ 命名图片。如果想让自己的图片发布后被搜索引擎检索到，需要在发布图片之前为图片添加文字说明，该文字说明最好经过认真考量，与产品或业务相关且包含用户经常搜索的关键词。

④ 导入图片。网站的权重越高，图片被抓取的概率越大。在导入图片时，要为图片添加 alt 属性及 title 属性，帮助搜索引擎识别图片内容。

(2) 图片推广技巧

① 注意图片格式。上传图片前，最好将图片格式转换为 JPEG 格式。另外，搜索结果中图片的排列顺序为大图片→小图片→中图片，所以上传图片时要注意尺寸。大图片指的是长度大于 640px 的图片，中图片指的是长度为 200～640px 之间的图片，小图片指的是长度小于 200px 的图片（这里的"长度"指的是图片最长的一边）。

② 优化百度图片排名。用户的搜索方式正在发生着改变，使用语音和图片搜索的比例在不断增加。因此，图片的 alt 属性、title 属性以及图片所在页面的文字内容非常重要。如果图片的这三项属性都有关键词，搜索引擎会认为该图片与这些关键词的相关性较高。

③ 添加水印。在图片上添加水印既能满足用户需求，又不会引起用户反感。

④ 将信息嵌入到幽默的图片中。营销人员可以尝试将广告创意嵌入一些幽默的图片中，例如 QQ 表情包、漫画等，再通过各个网络推广平台进行传播。这种方式对于潜移默化地提升潜在用户对企业形象和品牌的认知度大有帮助，但对设计创意的要求较高，如果把握不好可能会适得其反。

(3) 百度图片付费推广

百度图片搜索结果列表中带有"广告"字样的图片属于付费推广，单击图片会跳转到官方网站。例如，当网友搜索"长春装修"时，搜索结果列表中的前两张图片上标识了"广告"，即为图片付费推广，如图 2-42 所示。付费价格由关键词决定，关键词不同，价格也不同。

2. 电子地图营销

电子地图营销是指将不同的地图及其创意运用于营销活动。实际上，电子地图在营销活动中已被广泛运用，例如在电子地图上对市场进行划分，以及在广告创意、广告宣传中运用电子地图等。常用的电子地图有百度地图、搜狗地图、高德地图等。

百度地图在电子地图营销领域具有极大优势，以下是百度地图营销的具体操作步骤。

(1) 注册或登录百度账号。

(2) 打开百度地图，单击页面下方工具栏中的"商户免费标注"按钮。

(3) 单击"添加新地点"按钮，填写商户的主要信息，包括名称、地点、管理者信息等。需要注意的是，商户名称中不能出现乱码、空格、标点、不明字符，总字数不能超过 20 个汉字；地点要尽量精确，方便用户找到。

图 2-42 百度图片付费营销

添加商户后，商户信息会出现在地图上。如果和用户搜索的美食、酒店或企业等分类相符，添加的商户定位和商户具体信息会以定位点的方式出现，以供选择。

除此之外，电子地图能提供到达商户的多种交通方式，还有实况全景、实时路线规划等功能，可以帮助用户正确、便捷地找到相应商户。

百度地图中的商户注册和大众点评网的信息是相互连接的，用户既可以通过电子地图搜索位置，获取详细的商户信息，也可以在大众点评网搜索商户，直接进行百度地图的路线规划。可以说，这是一种电子地图与点评网站组合营销的方式，既方便了用户，也增加了商户的曝光率，可以达到更好的营销效果。

通过电子地图营销，企业能够将自己的信息与地图功能相结合，减少广告植入的突兀感，达到信息推广的效果。图片和具体信息的添加在一定程度上激发了人们的购买欲望，加之全景地图等效果的辅助，促进了营销目标的实现。

3. LBS 营销

（1）LBS 营销的含义

基于移动位置的服务（Location Based Services，LBS）是指事先通过电信移动运营商的无线通信网络（例如 GSM 网、CDMA 网等）或外部定位方式（例如 GPS 等）获取移动终端用户的位置信息，在地理信息平台的支持下，为用户提供相应服务。

目前，LBS 与 Web 应用及商业娱乐元素的结合（例如美团 App 等）极大地提高了 LBS 的应用空间和使用价值。用户可以通过移动终端打开定位系统，在当前位置附近寻找电影院、图书馆、加油站等场所。事实上，LBS 营销就是借助互联网在固定用户和移动用户之间完成定位和服务功能，LBS 移动终端包括智能手机、笔记本电脑等。

（2）LBS 营销的应用

① LBS+地图模式的营销

基于智能移动终端的 LBS+地图模式可以说是 LBS 营销的核心模式，也是 LBS 营销的基础。目前，LBS 几乎成为了所有 App 的底层工具，LBS+地图模式可以在绝大部分移动电子商务领域使用，例如通过百度地图查找附近的酒店、微信类社交应用提供的"附近的人"功能、物流类的车联网、公交换乘服务等。很多物品也具有定位功能，可以方便用户实时获取物品的地理位置信息，例如智能手机、儿童电话手表等。

② LBS+O2O 模式的营销

LBS+O2O 模式分为 LBS+O2O 的餐饮模式、LBS+O2O 的商店模式、LBS+O2O 的交通模式等。

LBS+O2O 的餐饮模式是指首先对用户的地理位置进行定位，查找和推送附近或指定区域内符合搜索条件的餐厅，进行精准营销。利用 LBS 服务，用户不仅可以了解餐厅的基本信息，还能看到其他网友提供的评价，从而选择意向餐厅，交易流程也可在应用平台上完成，提高了用户的服务体验。例如，在美团 App 中搜索"咖啡"，可以查找到附近商家，并购买优惠券或选择"到店套餐"，如图 2-43 所示。

图 2-43 LBS+O2O 的餐饮模式

LBS+O2O 的商店模式是指利用 LBS 服务向超市、便利店附近的用户发送销售信息，例如发送新品信息、打折信息、优惠券等，用户凭借接收的信息到门店享受相关优惠，从而实现线上销售、线下送货、自提服务等。例如，京东的 O2O 平台"京东到家"向用户提供商品配送等本地生活服务，并承诺在两小时内送达，用户借助 LBS 服务可在"京东到家"平台上搜索附近的商店，在线购买商品。

LBS+O2O 的交通模式是指用户通过打车平台发送打车请求，LBS 服务对用户进行地理定位，并通知附近司机，司机可以通过相应的应用和平台查看用户的位置。例如，打车软件的模式是乘客通过 LBS 发布请求、寻找司机，建立一个从线上至线下、司机与乘客都可以控制的信息流，将打车的服务、时间、地点结合起来，使用户获得良好的服务体验。

【任务拓展】

请同学们对照表2-13所示的拓展训练任务单,完成本次拓展训练任务。

表2-13 "百度百科、百度文库、百度知道营销"拓展训练任务单

训练内容	项目二 扶商助商——"泰乐美食"传统网络营销 任务6 百度百科、百度文库、百度知道营销	分数	
训练对象		学时	
训练目的	1. 掌握百度百科、百度文库、百度知道营销以及百度图片营销的营销方法和策略 2. 能够进行百度百科、百度文库、百度知道营销以及百度图片营销		
教学设备及软件	个人计算机、Office办公软件、手机等		
训练建议	个人计算机及手机均能连接互联网		
1. 完成任务实训中的方案策划工作(必选作业)。 2. 在上述方案中加入百度图片营销内容,完善方案(必选作业)。 3. 制作汇报PPT,书写汇报稿,在课上进行汇报展示(每组选出一位同学进行汇报)。			

【习题与反思】

1. 如何进行百度百科营销?
2. 如何进行百度知道营销?
3. 如何进行百度文库营销?

任务7　网络广告营销

【任务描述】

新媒体营销离不开网络广告的策划与投放，产品离开了广告的宣传与推广，可能会无人问津。网络广告基于大数据分析，能够实现精准数字化营销，适合对特定人群进行针对性推广。

请认真学习网络广告推广的方法与策略，为"泰乐美食"进行网络广告营销，制订并执行网络广告营销方案。

【学习目标】

知识目标	1. 掌握网络广告的主要形式 2. 了解网络广告的计费方式 3. 掌握网络广告效果评估的相关知识
能力目标	能够进行网络广告的策划与投放（重难点）
素养目标	1. 具备广告创意策划能力 2. 具备自主学习的能力 3. 具备优秀的语言组织和文案撰写能力 4. 遵守互联网平台规则，不夸大网络广告效果

【知识学习】

1. 网络广告的主要形式

（1）电商广告

电商广告是指商家在电商平台上投放的广告，包括垂直搜索类广告和展示类广告，电商广告常见于大型的电商平台，例如京东、天猫、淘宝等。

电商平台上售卖同类商品的商家很多，但商品展示的页面有限，用户浏览时往往只看前几页，甚至只看第一页的前几行。所以，为了争取好的展示位置，商家会购买广告位。淘宝直通车广告、京东快车广告等都属于垂直搜索类广告，如图2-44所示。

展示类广告是指投放在第三方网站上的视觉广告。展示类广告基于用户行为和人口统计等因素，以个人或群体为目标进行投放，在最佳时机向合适的用户展示合适的信息，淘宝、天猫的钻石展位即为展示类广告，如图2-45所示。

（2）搜索广告

搜索广告又称为搜索引擎广告，是指广告主根据产品或服务的特点确定相应的关键词，撰写广告内容并自主定价投放。当用户搜索到广告主投放的关键词时，相应的广告就会展示出来，并在用户点击后按照广告主对该关键词的出价扣费。

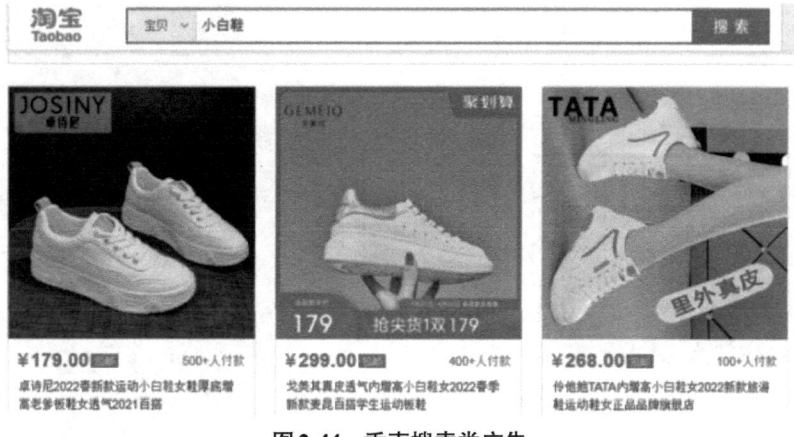

图 2-44　垂直搜索类广告

图 2-45　展示类广告

（3）信息流广告

信息流广告是指将广告融入内容的信息流中，用户触达率高，如图 2-46 所示。

（4）品牌图形广告

品牌图形广告以图片广告为主，主要投放在综合门户网站中，其作用是增强品牌广告的曝光率。品牌图形广告包括以下几种形式。

① 横幅广告。横幅广告是以 GIF、JPG、Flash 等格式建立的图像文件，一般位于网页的上方或底部。全幅形式的横幅广告（也被称为旗帜广告）最为常见。

② 通栏广告。通栏广告同样横向出现在网页中，但比旗帜广告更长、更具表现力、更吸引人。

③ 弹屏广告。弹屏广告是指用户进入网页时自动开启的浏览器显示广告，如图 2-47 所示。

④ 按钮广告。按钮广告是由旗帜广告演变而来的一种广告形式，其图形尺寸比旗帜广告小，可出现在主页的任何位置。按钮广告的优势是购买成本低，让小预算的广告主也有能力购买，能更好地利用网页中面积较小的零散空白位。

图标广告也属于按钮广告，单击商家或品牌的标志即可进入相应的广告页面。图标广告通常设置成不同的规格，动态地展示用户信息。

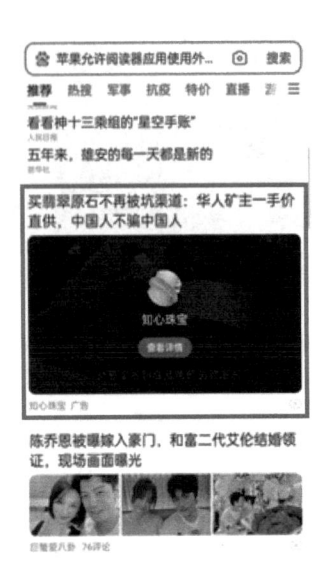

图 2-46 信息流广告　　　　图 2-47 弹屏广告

⑤ 画中画广告。画中画广告是指在文章中强制加入广告图片，使广告和文章混杂在一起。

⑥ 全屏广告。全屏广告是指用户打开浏览器页面时以全屏方式出现 3~5 秒的广告，可以是静态的页面，也可以是动态的 Flash 动画。全屏广告的表现空间丰富、视觉冲击力强，请扫描右侧二维码查看全屏广告的展示效果。

全屏广告展示

⑦ 开屏广告。开屏广告是指用户启动 App 时显示的广告，展示时间一般为 3~5 秒，用户可以选择跳过广告直接进入 App，开屏广告的形式可以是静态图片、动态图片、Flash 动画等。

⑧ 视频推荐广告。视频推荐广告是指视频分享类网站中在视频片头、中间、片尾播放的视频广告，分别称为前贴片广告、中贴片广告、后贴片广告。随着视频网站的发展，视频推荐广告的市场份额一直居高不下。

⑨ 富媒体广告。富媒体广告并不是一种具体的互联网媒体形式，通常是文字、图像、流媒体、声音、Flash 动画等的组合。

⑩ 文字链接广告。文字链接广告是一排文字，单击文字链接即可进入相应的广告页面。

2. 网络广告的计费方式

（1）展示计费

① 千人成本是指每一千次点击所产生的费用，是最常用的网络广告计费方式之一。

② 定位用户千次印象费用是指经过定位的用户（例如根据人口统计信息定位）的千次印象费用。

（2）行动计费

① 点击次数付费是指根据广告被点击的次数付费，关键词广告一般采用这种计费方式。

② 点击用户付费是指根据点击广告的用户数量付费。

③ 行动付费是指根据用户的行动付费。

④ 注册用户付费是指按注册成功的用户数量付费。

⑤ 引导付费是指通过网络广告产生的引导付费。

(3) 销售计费

销售计费分为根据每个订单（或者每次交易）付费和根据销售额付费。

除了以上几种网络广告的计费方式，也有按时间成本来包天、包周、包月的计费方式，这种计费方式也是目前互联网广告的主要计费方式之一，主要以广告在网站中出现的位置、时间段和形式为基础对广告主征收固定费用。

3. 网络广告的策划与投放

(1) 明确广告目的

在策划广告时，要明确广告目的，例如提高品牌价值、促进精准销售、提高网站排名、为决策提供依据等。

(2) 确定目标群体

通常情况下，平台应针对用户的认知和行为过程建立用户数据库。有丰富的用户数据做基础，就可以较为准确地进行广告投放。例如，当用户在淘宝中搜索过某件商品时，淘宝会记录用户的搜索历史和购买历史，进行兴趣分析和数据记录，当用户下次登录淘宝时，系统会自动为用户推荐一些感兴趣的商品。

(3) 确定广告预算

在策划广告时，要明确广告的预算。

(4) 选择广告媒体资源

在策划广告时，需要根据受众群体选择广告媒体资源，也就是说，首先要知道目标用户在哪里，然后再确定广告渠道。互联网中的广告投放渠道有四种，一是搜索引擎竞价广告投放渠道；二是综合门户广告投放渠道；三是专业垂直行业网站广告投放渠道；四是新兴自媒体及网络游戏广告投放渠道，例如抖音、微信小程序、直播答题等。

4. 网络广告的效果评估指标

(1) 经济类指标

① 广告效益指标。广告效益指标包括新增收入和新增用户数量。

② 广告费用指标。广告费用指标是指在投放广告期间广告主付给媒体的投资成本。

③ 市场占有率指标。市场占有率指标是指广告投放后企业的销售额占市场同类商品总销售额的份额。

(2) 投放效果指标

① 曝光率。曝光率即单位时间内展示的次数。

② 点击率。点击率是指网站页面上某一内容被点击的次数与被显示次数之比，反映了网页上某一内容的受关注程度，经常用来衡量广告的吸引力。

③ 到达率。到达率是指信息接收人群占所有传播对象的百分比。

④ 转化率。转化率是指通过点击广告进入推广网站的用户比例。

(3) 媒体评价指标

① 媒体覆盖率。媒体覆盖率是指广告在特定时期内传达给目标受众的比例。

② 受众广告接触频率。受众广告接触频率是指一定时间范围内受众接收该品牌广告的数量。

(4) 受众接受程度指标

受众接受程度是指广告发布后目标受众产生的心理反应，该指标并非直接用销售情况评判广告效果，而是以广告送达、知名度提升、购买意愿等间接促进商品销售的因素作为评估广告效果的依据。

① 广告认知指标。广告认知指标是指对广告有认知的人数占总浏览人数的百分比。

② 广告识别指标。广告识别指标包括品牌识别率、主要传达信息识别率等。

③ 广告回忆指标。广告回忆指标是指在没有任何提示的情况下能回忆起广告的人数比例。

④ 广告说服效果指标。广告说服效果指标包括喜好度、可信度、理解度等，喜好度越高，受众购买商品的可能性就越高。

⑤ 广告延伸效果指标。广告延伸效果指标包括品牌提及率、品牌形象认知度、品牌定位认知度、品牌内涵认知度等。

【任务实训】

请同学们对照表 2-14 所示的实训任务单，完成本次课的训练任务。

表 2-14 "网络广告营销"实训任务单

实训内容	项目二　扶商助商——"泰乐美食"传统网络营销 任务 7　网络广告营销	分数	
实训对象		学时	
实训目的	1. 掌握网络广告的主要形式 2. 了解网络广告的计费方式 3. 掌握网络广告效果评估的相关知识 4. 能够进行网络广告的策划与投放		
教学设备及软件	个人计算机、Office 办公软件、手机等		
实训建议	个人计算机及手机均能连接互联网		
1. 复习网络广告的计费方式及主要形式。 2. 复习网络广告效果评估的相关知识。 3. 请从以下几方面制订"泰乐美食"网络广告营销方案。 　　一、背景简述 　　二、市场分析 　　（一）营销环境分析 　　1. 宏观环境分析 　　2. 微观环境分析 　　（二）产品及用户行为分析 　　1. 产品分析 　　2. 用户心理分析 　　3. 用户行为分析 　　4. 产品 SWOT 分析 　　（三）竞争对手分析 　　三、网络广告投放策略 　　（一）网络广告创意及战略 　　（二）网络广告投放范围 　　（三）网络广告媒体策略 　　（四）网络广告预算及分配 　　（五）网络广告效果预测			

【知识拓展】

1. 爆品的含义

爆品是指销量很高且供不应求的商品,也被称为"牛品""爆款商品""爆款宝贝""人气宝贝""热卖商品"等,这类商品有很高的人气,无论是在线下商铺还是线上网店,都有很高的销量。

爆品是尊重消费者的利益和精神诉求且做到极致的商品。爆品与畅销品不同,从字面意思来说,爆品是指卖的"火爆"的商品,能在消费者中引起强烈的反响,帮助企业迅速抢占市场,获得巨大的社会效益和经济效益;畅销品则是指市场上销路很好,没有积压滞销的商品。因此,爆品可以成为畅销品,但畅销品不一定是爆品。

打造爆品的目的并不是获得超额利润,而是扮演催化剂的角色,吸引更多客流量,把商品更好地呈现在消费者面前,刺激消费者的购买欲望。例如,优衣库是爆品界的集大成者,每年只推出 1000 款服装,但目标却是制造出所有人都可以穿的基本款服装。目前,某网购平台的优衣库旗舰店已销售了 2.8 万件商品,其中摇粒绒外套是超级爆品。

爆品有五大特征,分别是:拥有让消费者尖叫的品质、具有引领时代潮流的功能、能满足消费者的个性化需求、具有夺人眼球的 Logo、具有较高的性价比。如果商品能同时满足以上五大特点,那么这款商品就拥有一定的用户群,也就拥有了爆品的特征。

2. 打造爆品的因素

销售一款商品很容易,但要想使这款商品成为爆品,则需要具备以下因素。
(1)明确目标用户群。
(2)找准用户的一级痛点。用户对品质、性价比、售后服务等的要求就是一级痛点。
(3)设计直击心底的文案。
(4)打造差异化商品。

3. 爆品的生命周期

每款爆品都有自己的生命周期,长短不一,生命周期分为导入期、成长期、成熟期、衰退期等。

【任务拓展】

请同学们对照表 2-15 所示的拓展训练任务单,完成本次拓展训练任务。

表2-15 "网络广告营销"拓展训练任务单

训练内容	项目二 扶商助商——"泰乐美食"传统网络营销 任务 7 网络广告营销	分数	
训练对象		学时	
训练目的	1. 掌握网络广告的主要形式 2. 了解网络广告的计费方式 3. 掌握网络广告效果评估的相关知识 4. 能够进行网络广告的策划与投放		
教学设备及软件	个人计算机、Office 办公软件、手机等		

| 训练建议 | 个人计算机及手机均能连接互联网 |

3. 进行网络广告的策划，为"泰乐美食"打造爆品。
4. 完成网络广告营销方案的汇报任务。

【习题与反思】

1. 网络广告的主要形式有哪些？
2. 网络广告的计费方式有哪些？
3. 网络广告的效果评估指标有哪些？

项目三　扶商助企——"格美服装"主流网络营销

案例引入

格美服装有限公司（以下简称"格美服装"）注册于2014年，注册资金为300万元人民币，主要经营针织服装以及童装。针织服装以针织棉面料为主，具有保暖、吸湿、透气、快干等特点，符合消费者的需求，发展前景很好。另外，春、夏季服装的面料中针织布占据的比例也在逐年提高，尤其是T恤、女装。

童装主要面向0~12岁婴幼儿及儿童群体，包括卫衣、短裤、童鞋、童袜、T恤、户外服、睡衣、睡裤、睡裙、睡袋、连体衣、打底裤等。

随着"格美服装"的良性经营和快速发展，公司销售业绩屡创新高。2017年，公司的童装产品销量在东北地区同类市场中排名第一。

"从+互联网"到"互联网+"，"格美服装"携手产业链上下游和线上/线下各大平台，乘着新媒体营销的快车，疾步迈向产业互联网时代。

项目地图

项目三　扶商助企——"格美服装"主流网络营销	
任务1	微信营销
任务2	微信公众号营销
任务3	微博营销
任务4	知乎营销
任务5	简书营销
任务6	App营销

任务1　微信营销

【任务描述】

随着智能手机和移动互联网的快速发展，很多人利用微信开展精准社交营销。请各位同学在学习本任务的知识内容后，为"格美服装"策划并开展微信营销。

【学习目标】

知识目标	1. 了解微信的设置策略 2. 掌握微信的沟通策略 3. 掌握微信营销的策略（重难点）
能力目标	能够进行微信营销
素养目标	1. 具备良好的沟通能力 2. 具备良好的文案策划及文字撰写能力 3. 树立诚实做人、诚信买卖的意识

【知识学习】

1. 微信的设置策略

（1）微信昵称设置

商家在进行微信营销前，建议直接使用店铺名称作为微信昵称，例如"于小姐的鞋仓"；也可以使用产品名称，例如"北极绒吉林总代"，以提高自身的权威性和专业性。

另外，可以在微信昵称前加上 A0、A00、A000 等，这样在联系人列表里会排在前面。

（2）微信号设置

微信号的设置原则是简单、易记、易识别，例如"teachershen"。

（3）微信头像设置

建议统一使用企业 Logo 或产品作为头像，以提高统一度和专业性；也可以使用本人头像或者能表示本人身份的头像，这样会给客户更多的信任感。

（4）微信个性签名设置

微信个性签名是很好的广告宣传位置，可以加入企业或产品的宣传语或者服务承诺。例如，销售女装的微信账号可以将个性签名设置为"正品清仓、原单尾货、服装批发、质量保证"等。

（5）朋友圈相册封面设置

朋友圈相册封面可以作为广告展示位置，可以展示想给客户看的内容，例如公司说明、发货说明、退换货说明等。

（6）好友设置

① 备注。可以针对自己所售商品的特性，将好友进行备注。以销售女装为例，可以将客户的姓名、身高、体重等信息备注在姓名之后。

② 标签分组。通讯录好友绝不能一概而论，一定要进行分组管理，例如同事、亲属、同学等。

③ 将客户的收件地址等信息填入描述中备用，如图 3-1 所示。

2．微信沟通技巧

（1）先交朋友后营销。

（2）可以亲切一点，称呼客户为"亲"。

（3）为提高可信度，聊天时应适当发送语音，增加可信度。

（4）对待客户要真诚、热情。

3．微信营销策略

下面以销售女装的微信账号为例，讲解微信营销策略。

（1）注意发送时间

微信营销的最佳时间为周一到周五晚上 11:30 之前以及周六、周日全天。

（2）录制视频

可以将视频与图片恰当结合，视频的截图效果如图 3-2 所示，请扫描右侧二维码查看视频效果。

图 3-1　好友设置

视频效果

图 3-2　视频的截图效果

（3）设计群发内容

群发内容的设计非常重要，可以群发一些礼物，包括新的电子书、PPT、视频等，这样会换来客户的认可和好感。

（4）添加好友策略

① 微信群添加好友。首先要对目标客户进行精准定位，找到潜在客户在哪些群里。以销售女装为例，可以去商场的女装专柜扫描二维码进群（很显然，该群里的网友大部分是爱美的时尚女性，很可能会转化为客户）。

②制作宣传图片。可以制作"图片+二维码"形式的宣传图片，并转发到微信群或朋友圈，如图 3-3 所示。

图 3-3 "图片+二维码"形式的宣传图片

③通过"附近的人"功能添加好友。
④给客户包邮或者赠品福利，请客户帮忙转发广告信息到朋友圈，实现"老拉新"。
⑤通过地推的形式做活动推广，达到添加好友的目的。
⑥通过微博导流到微信。
⑦通过抖音导流到微信。
⑧通过"摇一摇"功能添加微信好友
⑨通过"漂流瓶"功能添加微信好友。

（5）朋友圈经营策略

①朋友圈广告发布技巧。再动人的文案都不如一张有说服力的图片，但是图片上不能有水印，否则会让人难以信服。

②软广告+短内容。如果单纯地发广告，会遭到微信客户的抵触甚至厌烦。相反，用软广告（如讲故事的方法）发广告是有效的手段之一。

③朋友圈广告发布的时间。朋友圈广告的最佳发布时间是 8:00～9:30、11:30～13:00、17:00～18:30、20:00～24:00，大多数人会在这些时间段内浏览微信朋友圈。

另外，有关资料显示，移动客户的购买行为主要发生在周一至周五的 12:00～14:00、20:00～22:00 以及周日的 20:00～24:00，因此营销人员可在这些时间段内发布广告。需要注意的是，插入的链接最好是短链接或二维码，否则会影响内容的美观度。

④策划朋友圈活动。策划朋友圈活动的目的是让微信好友参与活动，实现活动信息的快速传播，扩大影响力。常见的活动形式是转发和点赞，参与转发和点赞的朋友会获得一些福利；另外，还可以在朋友圈发布一些小游戏，吸引好友参与和转发。

开展活动前应该有一个预热期，营销人员最好在活动开始前的 3～7 天开始预热并提醒微信好友准时参加，在此期间每天发布一次活动信息，通常可以选择在线人数多的时间段发布，如午休时间或下班时间等。

4. 其他微信营销方法

（1）通过 LBS 功能进行营销

微信的 LBS 功能最初是为了方便用户寻找好友，现在很多商家使用该功能寻找目标消费者，进而进行精准营销。通过"附近的人"功能，附近有哪些潜在消费者一目了然，能直接地促进消费者入店消费，为商家提供了有效的营销渠道。

2011 年 10 月，微信 3.0 版本新增了"摇一摇"功能，通过"摇一摇"手势可以搜索到附近的其他用户，这就是基于 LBS 功能的服务。通过"摇一摇周边"，用户可以在线下的餐厅、橱窗甚至货架前享受商家提供的红包、优惠券、小游戏或导航服务，将用户与所处的空间更加紧密地连接起来。

（2）通过二维码进行营销

二维码在微信营销中的应用主要是连接线上与线下，通过扫描商家的二维码，用户可以成为商家的会员，获取产品、促销信息或直接获得打折优惠。二维码以一种更精准的方式打通了线上和线下的关键入口，在微信营销中得到了广泛运用，在新媒体整合营销中也经常作为整合线上与线下营销的手段。

（3）众筹式营销

众筹式营销是指微信用户按照商家的要求向好友募集需要的援助，或向好友提供商家的产品或服务，这种方式能让参与活动的用户主动传播商业信息，具有良好的传播效果。

"红包"式营销是最常见的众筹式营销，微信用户可以向好友派发"红包"，也就是向好友提供商家的产品或服务。经过进一步发展，"红包"的定义不断扩大，变成了各式各样的礼品或奖励。有的"红包"活动还可以随着领取"红包"好友数量的增加，获取更大或更多的奖励。如果想获取更多的获奖机会，用户就需要将自己的活动界面分享给更多的好友。分享链接的好友越多，该用户获得奖励的机会就越多。

【任务实训】

请同学们对照表 3-1 所示的实训任务单，完成本次课的训练任务。

表 3-1 "微信营销"实训任务单

实训内容	项目三　扶商助企——"格美服装"主流网络营销 任务 1　微信营销	分数	
实训对象		学时	
实训目的	1. 掌握微信营销的策略 2. 能够进行微信营销		
教学设备及软件	个人计算机、Office 办公软件、手机等		
实训建议	个人计算机及手机均能连接互联网		
为"格美服装"策划微信营销方案，并按方案实施，要求如下： （1）策划方案为原创，文字为 1000 字以上，涵盖微信设置、微信沟通策略、微信群推广、微信朋友圈推广等。 （2）方案科学、精准，适合"格美服装"进行微信营销。 （3）利用"美图秀秀"等软件设计并制作出方案实施过程中需要的宣传素材，要求至少包含 1 个微信群发所需的"图片+二维码+文字"素材和 1 个微信朋友圈推广所需的"文案+图片+视频"素材。			

【知识拓展】

1. 微信小程序营销简介

微信小程序于 2017 年 1 月 9 日上线,曾被称为"移动互联网的下一站"。小程序是一种不需要下载和安装即可使用的应用,实现了"应用触手可及"的梦想,也体现了"用完即走"的理念,用户不用关心是否安装太多应用的问题,应用无处不在、随时可用。

小程序基于微信的社交属性,依托微信数量庞大的活跃用户,可以在微信生态圈内完成裂变。

2. 微信小程序的特性

微信小程序的定位是"体验比网站好、下载比 App 便捷"。因此,小程序有它自己的特点,如无须安装、触手可及、用完即走、无须卸载等,这些特性让小程序一经发布就具备了得天独厚的优势。

3. 微信小程序的营销策略

无论是在运行速度还是稳定性上,微信小程序都有很强的优势,这些优势决定了微信小程序非常适合进行营销,微信小程序营销主要有以下几种方式。

(1)通过微信小程序进行用户导流

企业可以通过微信小程序展示企业信息,甚至可以进行商品售卖、服务预订等。基于微信庞大的用户流量,企业通过微信小程序的开发与运营能便捷地获得更多用户资源。

(2)微信小程序的"即时"服务

现阶段,微信小程序以二维码为主要入口。用户通过扫描二维码进入应用,享受随时随地的"即时"服务,省去了 App 的下载、安装、注册等环节。

(3)与公众号"双剑合璧",实现"黏性"服务

微信小程序的研发主旨是"简便、用完即走"。对于企业来说,可以结合微信公众号的消息推送功能和小程序"用完即走"的服务,进行粉丝和会员的二次开发,在增强用户黏性的同时创造更多商业价值。

营销人员可以在公众号中加入小程序入口,将公众号的粉丝引入小程序中,为其提供增值服务,增强用户黏性并促进销售转化。在公众号运营过程中,营销人员可结合用户在小程序中的行为数据,为其提供精准的个性化服务,如通过用户在小程序中的行为辨别用户价值和购买倾向。对于潜在用户,可通过优惠活动吸引其关注公众号,并利用公众号实现有针对性的服务。

(4)利用微信小程序提供售后服务

在小程序中可开展一些营销活动,如首次扫码进入时可领取优惠券、消费时直接抵扣现金等。

【任务拓展】

请同学们对照表3-2所示的拓展训练任务单,完成本次拓展训练任务。

表3-2 "微信营销"拓展训练任务单

训练内容	项目三 扶商助企——"格美服装"主流网络营销 任务1 微信营销	分数	
训练对象		学时	
训练目的	1. 掌握微信营销的方法和策略 2. 能够进行微信营销		
教学设备及软件	个人计算机、Office办公软件、手机等		
训练建议	个人计算机及手机均能连接互联网		
请为"红孩儿草莓生态园"策划微信营销，完成策划方案并实施，要求如下。 （1）策划方案为原创，文字为1000字以上，涵盖微信群推广、微信朋友圈推广等多种推广方式。 （2）要求策划方案科学、精准，适合"红孩儿草莓生态园"进行微信营销。 （3）利用"美图秀秀"等软件设计并制作出方案实施过程中需要的宣传素材，要求至少包含1个微信群发所需的"图片+二维码+文字"素材和1个微信朋友圈推广所需的"文案+图片+视频"素材。			

【习题与反思】

请简述微信营销的策略。

任务 2 微信公众号营销

【任务描述】

不少作者通过原创文章和原创视频在微信公众平台创立了自己的品牌，并形成了自己的盈利模式。请学习微信公众号的营销策略，并完成"任务实训"以及"任务拓展"内容。

【学习目标】

知识目标	1. 了解微信公众号的注册类型 2. 掌握微信公众号营销的常用方式 3. 掌握微信公众号的盈利模式、运营方法和策略（重难点）
能力目标	能够进行微信公众号营销
素养目标	1. 具备优秀的图文设计及文字撰写能力 2. 具备严谨、认真的工作态度 3. 具备团队合作精神

【知识学习】

1. 微信公众号的注册类型

微信公众号主要包括订阅号、服务号、小程序和企业微信四种类型，用于营销的公众号应选择最适合自己的公众号，这样才能达到预期的营销效果。

（1）订阅号

订阅号具有信息发布和传播能力，可以展示自己的个性、特色和理念，树立自己的品牌文化。订阅号偏向于为用户传达资讯，每天可以群发一条消息，具有较大的传播空间。如果想简单地发送消息以达到宣传效果，可选择订阅号，如图 3-4 所示。

（2）服务号

服务号具有用户管理和提供业务服务的功能，服务效率较高，偏向于服务交互。银行、114 电话导航信息服务等提供服务查询的企业适合选择服务号，对用户服务要求较高的企业也可开通服务号。服务号每个月可群发 4 条消息，还可开通微信支付功能，如图 3-5 所示。

企业在开展微信营销时，前期可以利用订阅号推送营销活动信息及新闻资讯，一段时间后可以将订阅号升级为服务号。与此同时，营销目标也由吸引用户关注转向服务用户，该模式深受中小企业的欢迎。

（3）小程序

小程序具有出色的使用体验，可以在微信内被便捷地获取与传播，适合有服务内容的企业或组织注册，如图 3-6 所示。

图 3-4　订阅号 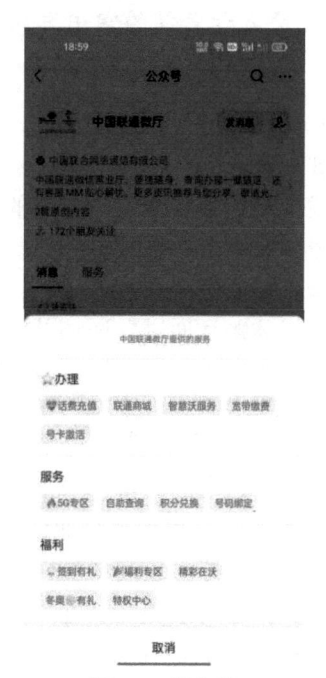　　　　　　　　　　　图 3-5　服务号

（4）企业微信

企业微信主要在企业内部使用，具有实现企业内部沟通与协同管理的作用。用户需要先验证身份，才可以成功注册企业微信账号，如图 3-7 所示。

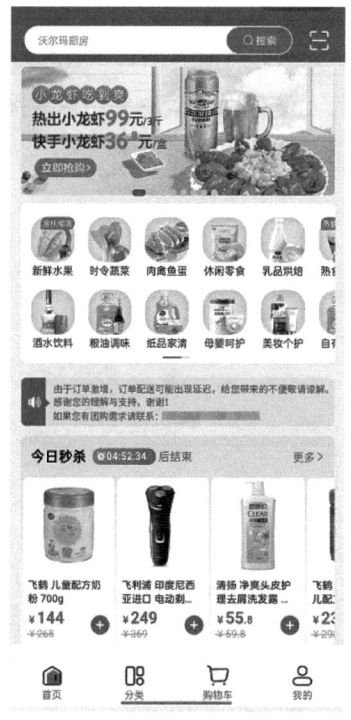

图 3-6　小程序 　　　　　　　　　　　图 3-7　企业微信

2. 微信公众号营销的常用方式

（1）企业微信公众号

推送式营销通过主动推送活动、游戏、文章等与用户建立亲密且深入的互动关系，维护及提升品牌形象。

客服式营销是指将微信与自身的用户服务系统相结合，满足用前、售后等服务需求，将微信打造成客服平台。

（2）非企业微信公众号

一些自媒体账号通过发送相关的内容赢取粉丝喜欢并积累粉丝，粉丝量到达一定程度之后，可以通过发广告、做专栏、做淘宝客等方式盈利。

3. 微信公众号的设置与运营

（1）微信公众号的设置

① 账号名称。建议选择企业或品牌的名称作为账号名称，以简洁、清晰为原则，个人账号的名称要能突出账号所属领域，例如"小艾育儿知识分享"很显然属于育儿领域；也可以选择企业的英文缩写或英文名称，方便记忆。

② 功能介绍。功能介绍需要列明企业的名称、主营业务及联系方式；个人账号则需要对账号提供的服务进行介绍。

③ 域名。域名应当通俗易记，不要过长，慎用特殊字符。

④ 二维码。二维码应简洁、美观，具有辨识度。

⑤ 头像。将企业 Logo 作为头像有助于企业品牌的传播，也可依据自己所属领域专门设计头像，提高账号的专业性和权威性。

（2）推送图文消息

登录微信公众平台，通过"新的创作"栏目可向关注该账号的所有用户（或分组用户）群发图文、视频等，如图 3-8 所示。以图文消息为例，运营人员可以从素材库中选取图文消息，也可以直接新建图文消息。

图 3-8　"新的创作"栏目

编辑图文消息的注意事项如下。

① 标题。图文消息的标题不支持换行，长度应不超过 64 个字，以 13~15 个字为宜。

② 摘要。摘要是核心观点或亮点的集中概括，所以最好认真编辑一段有吸引力的摘要文案。在编辑图文消息时，可以选填摘要内容，但不能超过 120 个字。粉丝收到的图文消息封面会显示摘要内容；若未填写摘要，则粉丝收到的图文消息封面会展示部分正文内容。

③ 封面配图。封面应选择干净、色调统一、与标题相符的图片。在改版前，微信公众号

封面图的尺寸为 900px×500px，尺寸比例为 16:9；新版的封面图尺寸为 900px×383px，尺寸比例为 2.35:1（所以制作封面图时应该创建 900px×383px 的画布尺寸，方便把握素材的摆放位置），二级图片的尺寸为 200px×200px。封面和正文图片支持 JPG、PNG、GIF 格式。

④ 正文内容。正文最好为 800~1000 字，如果正文标题过长，可分为主标题和副标题。如果文章篇幅较短，可以选择 16 号字体或 18 号字体；如果文章篇幅较长，可以选择 12 号字体或 14 号字体。文艺抒情类文章可使用稍小的字体，这样能让文章看起来很精致。正文的行距最好为 1.5~1.75 倍行距，小号字体可以选择 1.5 倍行距，大号字体可以选择 1.75 倍行距。段落与段落之间可以添加分隔符来增强文章版式的整体美感。

⑤ 正文配图。文章里的配图要与文章主题一致，配图的冷暖色调要一致；正文配图的尺寸要一致，图片内容要保持整洁；图片和正文之间要空一行。

⑥ 视频。视频标题不超过 21 个字；视频大小不超过 20MB，超过 20MB 的视频可在腾讯视频上传后添加；支持常见的在线主流媒体格式，如 MP4、FLV 等，移动端支持 MOV、3GP 等格式；视频不支持时长小于 1 秒或大于 10 小时的文件。

⑦ 引导关注。在图文消息的开头可以引导关注，提醒阅读者关注公众号。在文章最后还可以添加公众号或二维码的信息。

（3）自动回复功能

营销人员可以进入微信公众平台，设置"关键词回复""收到消息回复""被关注回复"等回复方式，进行互动管理，提高用户活跃度和用户黏性，如图 3-9 所示。

图 3-9 自动回复功能

（4）其他运营技巧

随着互联网上的信息泛滥，很多关注微信公众号的粉丝没有足够的时间去查看每一条信息，而是将消息提醒的"小红点"逐个消除，并不浏览信息。因此，提高公众号的阅读率和参与度是每一个运营人员都需要掌握的技能。下面是一些微信公众号的运营技巧。

① 内容定位。随着微信公众号数量越来越多，公众号的内容同质化、娱乐化倾向严重，专业化、高价值的优质原创内容较少，满足不了用户的有效需求。因此，微信公众号在做内容定位时应专注于垂直领域，细分用户市场，深度挖掘优质内容。

② 内容推送。推送频率建议为一周三次，推送形式以图文专题、短文本为主，最好能引发读者的思考，从而形成良好的互动效果。很多微信公众号会定期以短文本的形式开展一些小调查，询问读者对于内容和推送时间的建议，通常会收到几百条用户回复，既实现了互动，也更加了解了用户，用户也能看到他们想要的内容，实现了"多赢"。

③ 人工互动。自动回复功能不能完全满足用户的个性化需求，因此人工互动必不可少。

④ 从线上到线下。线上/线下活动结合的意义在于面对面的交流更接近粉丝，能产生更鲜活、更接地气的内容，这样的微信公众号才会更真实。

⑤ 通过微信指数查看关键词数据。微信指数是微信官方提供的大数据分析指标，可以了解某个词语在一段时间内的热度趋势，还可以洞察用户的兴趣点，为精准营销提供决策依据。

查询微信指数的操作步骤如下。

第一，打开手机微信，搜索"微信指数"小程序，进入小程序页面，如图3-10所示。

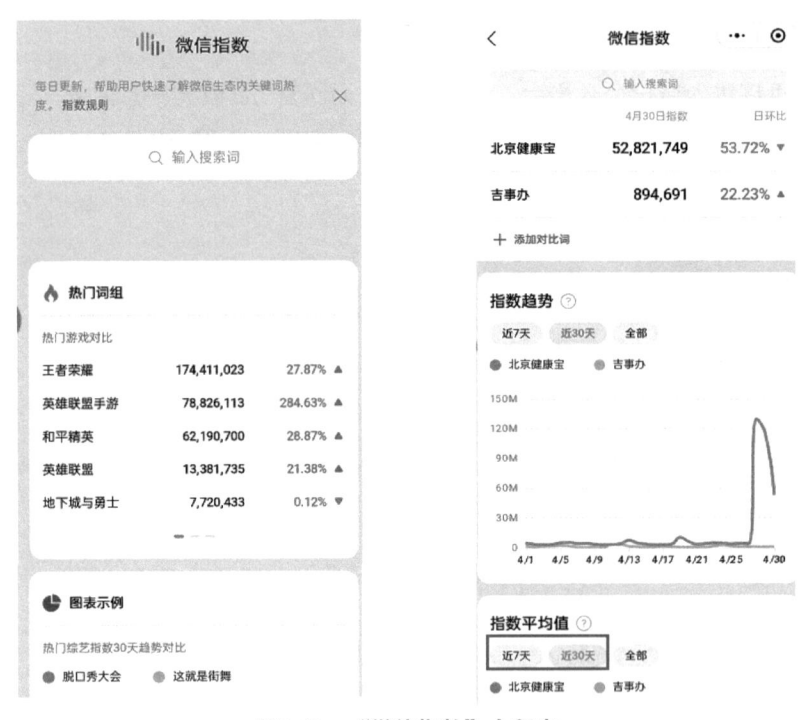

图3-10 "微信指数"小程序

第二，输入要搜索的关键词，查看近7天、近30天以及全部数据。如果运营者需要对比多个关键词的指数情况，可以添加对比词。例如，如果想对比"北京健康宝"和"吉事办"的微信指数和指数趋势，可以将这两个词添加为对比词，并查看对比结果。

4. 微信公众号的盈利模式

（1）广告盈利

对个人公众号而言，广告是最直接的变现方式。这种变现方式的优点是收益与流量挂钩，如果公众号的流量足够大，那么收益也会很可观；缺点是如果植入的广告质量恶劣或是虚假广告，将会给公众号带来负面影响。

① 流量广告，通过点击情况获利。当公众号拥有足够多的粉丝后，就可以开通"流量主"功能来变现。流量主是微信公众平台提供的一种变现模式，主要有以下几个功能优势：一是获得收入，可通过公众号的广告位来获得收入；二是开通便捷，可通过在线签约开通；三是数据可查，可以查看每天的点击量及收入情况；四是收入稳定，可以通过银行转账等方式按月结算。只要公众号的粉丝量达到5000人，就可以申请开通流量主，未通过微信认证的政府和媒体类型账号暂不支持开通流量主。

② 互选广告，双向互选自由合作。互选广告也是微信官方提供的广告模式，是广告主和流量主可自由合作的一种投放模式。广告呈现在公众号文章内，有"广告"字样。互选广告支持大图及短视频，在网络环境下，短视频会自动静音播放，点击图片后可跳转至图片链接地址。目前，互选广告支持推广品牌活动和公众号，流量主和广告主可根据合作深度选择不同的合作模式，主要包括广告推荐和内容定制两种。

广告推荐是指在文章末尾植入广告，流量主必须向广告主承诺互选广告的曝光量，若广告上线7天后仍未实现承诺的曝光量，则按实际曝光量来扣费。广告主可以向流量主提供宣传语、口号等推广信息，这些内容可以呈现在广告图片上方，部分流量主还会根据广告主提供的推广信息撰写推广文案。

内容定制是指文章的主题、内容等可由广告主定制，流量主不向广告主承诺曝光量。流量主可根据公众号的粉丝量与广告主就广告内容进行沟通，流量主撰写的广告文案要通过广告主的确认才能发布。

对于流量主而言，互选广告具有可自由定价、可自主选择优质广告主、线上结算广告费、无风险等优势。

③ 软文广告。软文广告是指帮助其他商家在自己的公众号上发布软文广告，软文广告分为一次性广告和长期广告，其中一次性广告适合有一定知名度的公众号。一般来说，广告主会选择粉丝量为几万及以上的公众号来推广一次性软文广告，这种广告通常会被穿插到公众号当天推送的图文消息中。如果公众号与广告主建立长期合作关系，就可以通过长期广告来实现盈利，这种盈利模式的稳定性较强。

④ 硬广告。硬广告以长图文贴片的形式出现，以图片、视频等方式将广告植入公众号文章的任意位置。

⑤ 点赞打赏，让推文内容也赚钱。点赞打赏是指发表原创文章并开通赞赏功能，通过粉丝的赞赏来赚钱。开通赞赏功能后，可在公众号文章末尾看到"喜欢作者"按钮，读者点击该按钮即可对作者进行赞赏，金额由读者设置。一般来说，同一公众号最多可开通三个赞赏账号，在公众号上发表三篇及以上原创文章的作者可创建赞赏账号，用于赞赏收款。

（2）电商盈利

微信公众号如果有自己的商品或者有合作的商家，就可以把商品放在公众号中进行销售。如果公众号的盈利模式为电商盈利，则一定要提供优质、可靠的商品，还要有好内容和好故事，简单来说就是"内容+电商"，即内容电商。内容电商模式卖的不仅是商品本身，还有极具价值的内容。从内容电商的现状来看,原创型公众号的销售额占 98%,非原创型公众号的销售额占 2%。由此可见,原创相当重要。

(3)知识付费盈利

知识付费是近年来兴起的公众号盈利模式,在"内容为王"的时代,这种盈利模式被越来越多用户接受。实际上,知识付费也属于内容电商,只是销售的不是实体商品,而是虚拟商品,如课程、教程、音频等。

5. 微信公众号的推广方式

(1)微信公众平台内的推广

① 微信群推广。

② 微信公众号互推。

③ 公众号线上广告投放。公众号广告基于微信公众号的生态体系,以文章内容的形式出现在公众号中,提供关注公众号、下载移动应用、分发卡券、品牌活动广告等多种官方推广形式,支持多维度组合定向投放,能实现高效率转化。

朋友圈广告以类似朋友圈的原创内容形式展示,用户可以通过点赞、评论等方式与公众号进行互动,并依托社交关系链传播,为品牌推广带来加成效应。

④ 转发推广。这种推广方式类似于微信积分墙,用户转发文章到朋友圈即可变现,而且可以根据给文章带来的阅读量拿提成。

⑤ 免费赠送干货。营销人员可以通过免费分享或免费赠送"干货"的方式吸引用户关注公众号,例如把行业内的相关知识制作成图文并茂的电子文档,与用户互动,留下用户的邮箱地址,将电子文档赠送给对方。

⑥ 投票。通过微信公众号发起各种评选类的投票活动可以提升用户的参与度,使公众号获得更多曝光量。

⑦ 病毒式 H5 页面。通过一些生动、有趣的小游戏或商业活动吸引大量用户的关注,成为微信公众号推广的高效方式。

⑧ 推荐给亲朋好友。在推广前期,可以通过亲朋好友的推荐获取一定数量的粉丝,积累微信公众号的用户数量。

(2)微信公众平台外的推广

① 关键意见领袖推荐。关键意见领袖(Key Opinion Leader,KOL)推荐被视为一种比较新的营销手段,它发挥了社交媒体在覆盖面和影响力方面的优势。KOL 的粉丝黏性很强,所以 KOL 的推荐是带有"光环"的。例如,"罗辑思维"是一个分享知识的公众号,其创办人罗振宇本身就是知名的媒体人,经常邀请一些业内知名人士进行直播或开展其他活动,以此来推广"罗辑思维",这些做法取得了良好的推广效果,如图 3-11 所示。

② 内部资源导流。在 O2O 时代,企业要善于整合线上、线下的各种资源,通过多渠道开展营销推广,例如在企业官网或发给用户的电子邮件中植入公众号的二维码,或者在开展线下活动时在各类道具中植入公众号的二维码。

③ 内容传播。深耕垂直领域、持续输出优质内容能保证内容效益最大化。同时,为了让更多的人看到公众号中的内容,可以主动将公众号的内容发送到目标用户面前。常见的内容传播平台如图 3-12 所示。

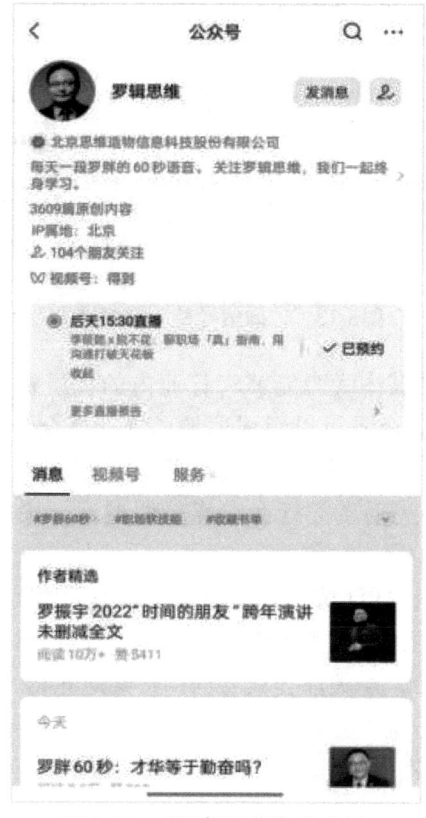

图3-11 "罗辑思维"公众号

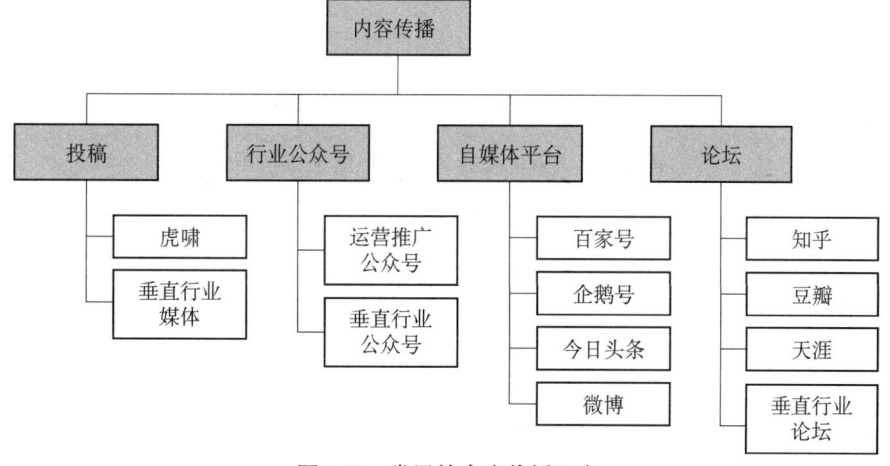

图3-12 常见的内容传播平台

④ 导航网站收录。微信导航是一种新兴的导航网站，可以搜索微信公众号的关键词、昵称、功能、二维码等。用户直接搜索"微信导航"，就能找到很多微信导航网站，如图3-13所示。微信公众号运营人员可以将公众号的相关信息提交到这类网站供网友检索。

⑤ 视频推广。视频推广是指制作有趣、有料、有内涵的视频和动画并上传至网络视频平台，同时植入公众号的二维码。

图 3-13 "微信导航"搜索结果

⑥ 微信自媒体联盟。自媒体联盟能够将行业内的优质资源整合在一起,是一种"抱团营销"的方式。多个微信公众号可以组成联盟,进行公众号互推。自媒体联盟主要为商家提供促销导流、活动导流、注册/下载导流、视频导流等服务。对于运营新人来说,在公众号推广前期可以加入一些垂直类行业自媒体联盟,一段时间后再加入综合型自媒体联盟。

⑦ 地推。地推是指找到用户聚集的地方,通过展示服务加奖品赠送的方式获得精准用户。例如,如果目标用户是大学生,可以到大学校园做线下地推,让用户关注公众号;如果目标用户是女性,可以去商场摆摊,给关注公众号的用户赠送礼物。此外,对于推广预算充足的企业,可以直接将微信公众号做成海报在公交站牌、地铁、广告墙等位置展示。

⑧ 将二维码通过宣传海报、名片、包装盒、户外广告牌、当地报纸等媒体渠道推荐给用户,直接添加用户。

【任务实训】

请同学们对照表 3-3 所示的实训任务单,完成本次课的训练任务。

表 3-3 "微信公众号营销"实训任务单

实训内容	项目三 扶商助企——"格美服装"主流网络营销 任务 2 微信公众号营销	分数	
实训对象		学时	
实训目的	1. 掌握微信公众号营销的策略 2. 能够进行微信公众号的运营和推广		
教学设备及软件	个人计算机、Office 办公软件、手机等		
实训建议	个人计算机及手机均能连接互联网		
完成"格美服装"微信公众号的注册、设置、设计、运营及推广工作,要求如下。 (1)完成微信公众号的推广策划方案,并按方案实施。 (2)要求策划方案为原创,1000 字以上,涵盖注册、设置、设计、运营及推广计划。 (3)要求方案科学、准确、易落地、易实施。 (4)完成微信公众号的运营及推广工作,并保留过程性文件(图文消息、视频消息、各类素材、推广渠道截图等)。			

【知识拓展】

1. 复盘的定义

"复盘"作为专业术语,通常是指项目或活动结束后对已经进行的项目进行回顾,并对经验和教训进行总结。

2. 复盘的意义和价值

通过复盘,营销团队可以避免重复犯错;了解团队的强、弱项,让分工变得更加合理,让下一步的发展目标更加清晰;掌握事情挫败的方向和诱因,更好地把握发展节奏。

3. 如何理解复盘总结

(1) 复盘是一种结构化的总结方法,需要遵照一定的流程和步骤,按照一定的框架进行回顾和总结。复盘总结不是传统意义上的总结,而是全面、系统、专业、团队性质的总结。
(2) 复盘是以学习为导向的,复盘的目的是从中学到经验和教训,找到可以优化的地方。
(3) 复盘通常以团队的形式进行,这是一种团队学习和组织学习的机制。通过这种深度剖析,能够激发团队的智慧。

4. 复盘的步骤和操作

复盘的四个步骤为回顾目标、评估结果、分析原因、总结经验。
复盘的八项操作为回顾目标、结果比对、叙述过程、自我剖析、众人设问、总结规律、案例佐证、复盘归档。

【任务拓展】

请同学们对照表3-4所示的拓展训练任务单,完成本次拓展训练任务。

表3-4 "微信公众号营销"拓展训练任务单

训练内容	项目三 扶商助企——"格美服装"主流网络营销 任务2 微信公众号营销	分数	
训练对象		学时	
训练目的	1. 掌握微信公众号的运营方法和策略 2. 能够进行微信公众号营销		
教学设备及软件	个人计算机、Office办公软件、手机等		
训练建议	个人计算机及手机均能连接互联网		
对"格美服装"微信公众号的运营与推广进行复盘,形成复盘总结报告,要求如下: (1) 严格按照复盘的四个步骤和八项操作完成复盘总结报告。 (2) 报告要求客观、全面、精准,并提出优化方案。 (3) 报告中要有佐证材料(过程性材料和结果数据等)。 (4) 为复盘总结报告制作PPT,进行汇报(建议根据实际情况,以小组形式开展项目和复盘)。			

【习题与反思】

1. 微信公众号的盈利模式有哪些？
2. 如何进行微信公众号的推广？
3. 请向同学们分享你的微信公众号运营经验。

任务3　微博营销

【任务描述】

在"两微一端"（微博、微信、客户端）等新媒体平台的引领下，移动社交化的传播格局逐步形成。微博作为以信息发布、互动交流为主的社交媒体平台，兼具社交属性和媒体属性，拥有庞大的用户基础，成为巨大的流量入口。

请各位同学为"格美服装"注册微博账号，形成账号矩阵，并进行微博营销。

【学习目标】

知识目标	1. 了解微博营销的相关知识 2. 掌握微博营销的策略（重难点） 3. 掌握微博电商的盈利方式
能力目标	能够为企业或个人注册微博账号并进行微博营销
素养目标	1. 具备优秀的图文设计及文字撰写能力 2. 具备严谨、认真的工作态度 3. 具备团队合作精神

【知识学习】

1. 微博营销的含义

微博营销是指通过微博平台为商家或个人创造价值，是商家或个人通过微博平台发布并满足用户需求的商业行为方式。微博营销是微博催生的新型营销方式，通过140字的内容传播信息，树立良好的企业形象和产品形象，达到营销目的。

2. 微博营销策略

（1）账号定位及分类

账号定位是指博主（个人或机构）以何种形象出现在微博上，目的是确定账号的运营价值和方向，准确的账号定位能使该账号在众多账号中脱颖而出。微博账号分为个人账号和机构账号。

个人账号分为"生活类"及"信息聚众类"，前者主要分享个人生活和观点；后者则具备杂志、媒体的功能，主要发布和转发各种行业信息，具备信息发布及时、定位鲜明等特征。

在众多机构账号中，企业账号占80%以上。企业账号主要分为信息展示类、微博电商类、品牌传播类、用户服务类、危机公关类。

① 信息展示类。企业通过微博展示相关信息，利用微博宣扬企业文化，展示品牌形象，

与用户近距离接触。例如,"小米手机"就很擅长利用微博平台进行信息展示和活动推广,如图 3-14 所示。

图 3-14　信息展示类账号

② 微博电商类。微博平台的用户多、用户在线时间长,适合企业进行商品推荐和销售,在促进交易的同时还能吸引大量潜在用户,如图 3-15 所示。

图 3-15　微博电商类账号

③ 品牌传播类。微博的媒体属性为传播企业品牌提供了良好的环境，不少企业微博账号通过展示图文内容来宣传其品牌理念，增强用户黏性的同时也吸引了围观用户。

④ 用户服务类。很多消费者愿意通过微博表达自己的诉求，因此企业可以通过开设专门的微博账号与消费者建立良好的互动关系，做好客服和售后服务工作。例如，海尔集团在新浪微博开通了微博账号矩阵（几十个账号）并设立了专门的"海尔客服"微博账号，用于处理消费者提出的疑问及改进意见，如图3-16所示。

图3-16　用户服务类账号

⑤ 危机公关类。2022年6月，有网友在新浪微博发帖称"钟薛高海盐椰椰口味雪糕在31度室温下放置1小时后，居然没有完全融化"，并配以图文佐证，使"钟薛高31度室温下放1小时不化"话题冲上热搜，出现了很多负面信息。对此，钟薛高迅速进行了危机公关，通过官方微博账号做出回应，如图3-17所示。

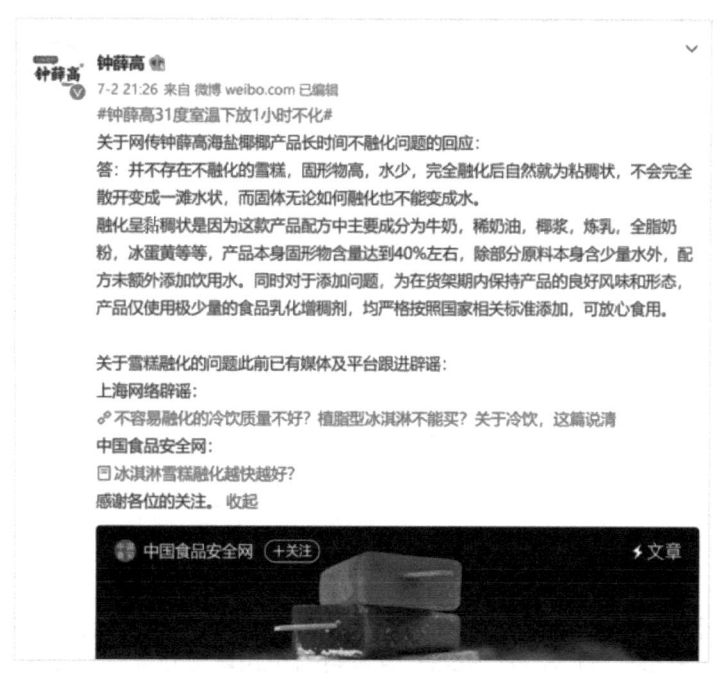

图3-17　危机公关类账号

（2）账号命名策略

微博账号的昵称不能超过7个字，最好是4个字，有以下几种类型。

① 企业官方账号一般以企业简称命名，如"小米""小米公司"等。

② 产品型账号一般以产品简称或企业简称+产品命名，如"小米手机""小米电视"等。

③ 名人账号一般以真实姓名命名，但有时会遇到被抢先注册的情况。这时可以在名称后加上英文或其他符号，并且最好有"加V"认证。如果是企业员工微博账号，则可以用真实姓名或昵称，如"雷军""脱不花"等。

④ 功能型账号一般以企业简称+某功能命名，如"JD京东招聘""OPPO客服"等。

以上是比较常规的企业账号命名方式，对个人账号来说，命名方式更加个性化。个人微博账号的名称可设置为4~6个字，主要有以下几种命名方式。

① 岗位（职称）+真名/花名。很多初入微博的意见领袖常常用这种方式命名，如"粉笔张跃瀚""长职沈老师"等。

② 个性化昵称。微博上的很多"红人""大V"会采用个性化昵称，如"papi酱""饭圈一姐"等。

③ 昵称+内容。如果想打造一个体现内容的自媒体账号，可采用这种命名方式，如"吴晓波频道"等。

④ 主攻方向。如果该账号有主攻或擅长的方向，可以用此种方式来命名，如"Photoshop大师"等。

（3）影响账号搜索排名的因素

① 账号名称相关度。账号名称中要包含用户经常搜索和使用的关键词（前提是该关键词与企业、产品、业务相关，可通过关键词指数查询工具进行查询），账号名称与关键词越相关，排名就越靠前。例如，在微博的搜索框中输入"文案"时，搜索结果列表中的相关微博内容及用户昵称均包含"文案"两个字，如图3-18所示。

图3-18　"文案"的搜索结果

② 粉丝量、微博内容数量及活跃度。当用户在搜索结果中看到账号的粉丝量比较大时，就会认为该账号值得信任，从而进行关注。活跃度可以用转发量和评论量来体现，一般来说，账号的转发量和评论量越多，排名越靠前。

③ 微博认证。微博用户通过身份真实性审核后，头像右下角会出现"加V"标识，企业账号为"蓝V"，个人账号为"橙V"，如图3-19所示。一般来说，用户会更信任已认证的账号。在其他影响因素相同的情况下，"加V"账号会排在不"加V"账号的前面。

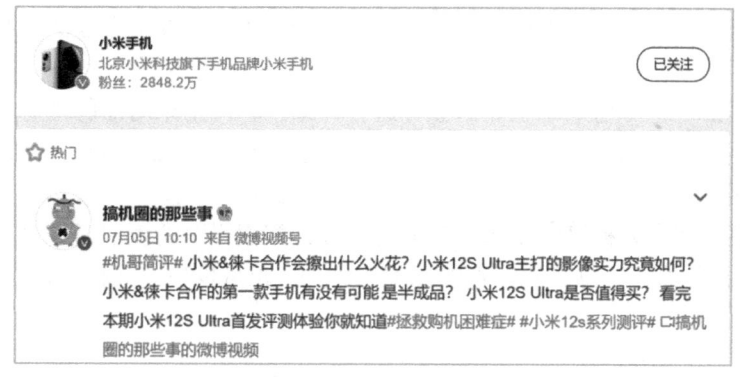

图3-19　已认证微博账号

（4）微博装修策略

① 微博头像。企业 Logo 是微博头像的首选，与企业的视觉识别系统吻合，使用户一眼就能识别该品牌，加深用户对品牌的印象。例如，"微博多客服系统"账号的头像是一个带着耳机的客服人员，这是根据职能制作的微博头像，十分形象且极具亲和力，如图 3-20 所示。

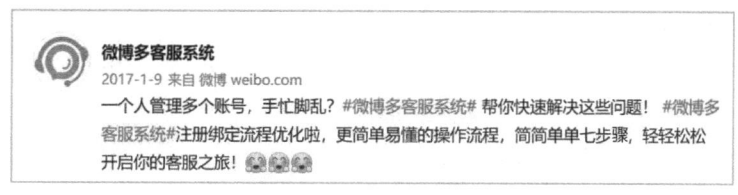

图3-20　"微博多客服系统"账号

② 基本资料。微博账号的基本资料会被搜索引擎抓取，因此在基本资料中要填入关键词，以提升搜索引擎抓取的概率。基本资料中的个人标签、个人介绍、职业信息等都要完善，最好绑定手机号码，否则无法使用某些高级功能。

③ 个性域名。可以将官方网址、英文名字、微信号等设置为个性域名，以便于记忆。此外，个性域名也会影响搜索引擎的搜索结果。个性域名的设置方法为：依次单击"设置"→"账号设置"→"账号信息设置"，在"个性域名"后的文本框中输入个性域名，一旦设置完成，不能再次修改，如图 3-21 所示。

图3-21　设置个性域名

④ 焦点区。焦点区用于放置焦点图片和焦点视频，可用于展示企业的产品、动态、活动等信息。

⑤ 公告栏。公告栏可用来对企业的业务进行介绍，也可用来对品牌理念、企业产品、阶段性活动等进行介绍。可以设置自定义背景，然后把二维码、电话号码、网店地址、QQ 号码等写到公告栏中。

⑥ 个人标签。在个人标签中填入关键词可以提升搜索引擎的抓取概率，同时也能增加关注量。设置个人标签时，可以在感兴趣的标签中添加，也可以自定义标签，最多能添加 10 个标签。

（5）微博内容优化策略

微博内容应尽量多样化，最好带有图片、视频等多媒体信息，使用户有较好的浏览体验；应包含合适的话题或标签，以便于微博搜索。

① 故事化。学会讲故事、以情动人，才能引起粉丝的共鸣，没有故事就没有品牌。

② 拟人化。用富有人情味的口吻说话，这样的品牌才有温度。

③ 趣味化。幽默的语言和搞笑的配图能够赢得广大粉丝的喜爱。

④ 实用性。对网友生活、工作等有帮助的内容更容易传播，对企业的宣传和推广十分必要，能够吸引相关粉丝。

⑤ 互动性。具备互动性的内容更能激起用户的参与欲望，吸引用户注意力。例如，"海尔兄弟"微博账号发布的每条信息都具备故事化、拟人化、趣味化、实用性、互动性的特点，深受网友的喜爱和好评，如图 3-22 所示。

图 3-22 "海尔兄弟"微博账号

通过百度等搜索引擎不但能检索到微博信息，而且检索排名相对靠前，因此可以通过关键词挖掘工具、百度指数、微博热搜榜等方法找到热门关键词，把这些热门关键词与微博内容结合起来，提高搜索引擎抓取的概率。微博内容应尽可能以关键字或关键词组开头，并且加上"#话题#"，这种写法更利于优化和推广，能更好地进行微博营销和产品推广。

(6) 其他运营策略

① 规划发布时间。每天发布的微博条数以 5~8 条为宜，发布微博的时间段应相对固定，尽量每隔 2~4 小时发布一条微博。另外，7:00~8:30、11:30~13:00、17:00~18:00、21:00~23:00 是网友上网的高峰期，可选择在这些时间段内发布重要的微博。总体来说，微博用户在周三和周四相对活跃，因此营销人员可在这一时期发布比较热门的微博，植入企业品牌以及产品等相关的信息，积极与粉丝互动。此外，周末也是微博用户较活跃的时间，企业可以在周末发布一些投票、征集作品、有奖转发等活动类微博，号召用户参与企业活动，增强与用户之间的积极互动。

微博每月运营时间规划可以从日常时间、活动发布时间、热门事件、突发事件四个方面进行，如图 3-23 所示。在企业的特殊纪念日或重要节日，可以发布一些纪念活动、活动预告类的文章，或者通过现场直播等方式与粉丝进行互动。

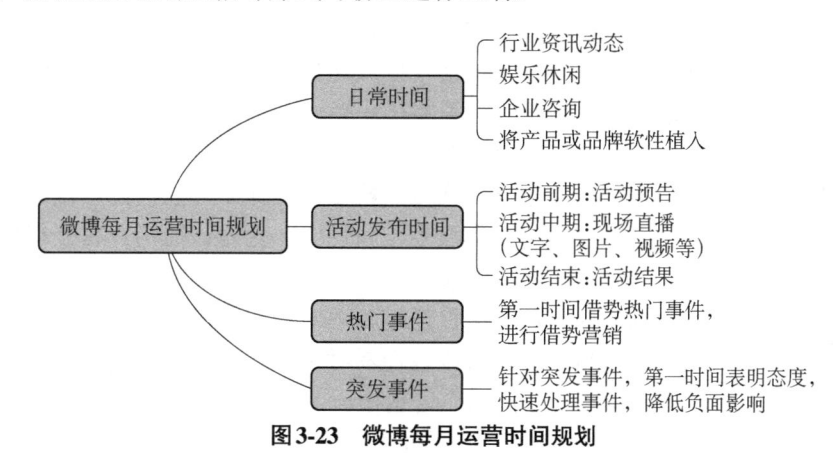

```
                        ┌─ 日常时间 ─── 行业资讯动态
                        │              娱乐休闲
                        │              企业咨询
                        │              将产品或品牌软性植入
                        │
                        │              活动前期:活动预告
微博每月运营时间规划 ─────┼─ 活动发布时间 ─ 活动中期:现场直播
                        │              （文字、图片、视频等）
                        │              活动结束:活动结果
                        │
                        ├─ 热门事件 ── 第一时间借势热门事件，
                        │              进行借势营销
                        │
                        └─ 突发事件 ── 针对突发事件，第一时间表明态度，
                                       快速处理事件，降低负面影响
```

图 3-23 微博每月运营时间规划

② 积极互动。营销人员应多参与转发和评论，主动搜索行业相关话题，主动与用户互动。定期举办有奖活动并提供免费奖品能快速增加粉丝量，并提高其忠诚度。

③ 策划微博营销活动。新浪微博推出了营销推广的服务活动中心，账号类型不同，活动中心提供的活动形式也不相同。企业账号可发起的活动包括有奖转发、有奖征集、免费试用、预约抢购、限时抢、预约报名等，个人账号可发起的活动包括有奖转发和限时抢等。

④ 获取高质量的粉丝。营销人员应关注行业名人或知名机构，善用"找朋友"功能，提高转发率和评论率；发布的内容主题要专一，内容要附带关键字。

⑤ 进行矩阵联动推广。微博矩阵是指布局多个微博账号和平台，全方位塑造品牌或产品形象。营销人员要建立多个不同功能的账号，彼此之间形成链式传播。矩阵账号要进行统一化管理，账号之间的营销节奏和口径一致，实现联动营销效果。常见的微博矩阵有 1+N 矩阵、AB 矩阵、三维式矩阵等。

1+N 矩阵是指在一个主账号下布局多个分流账号，主账号用于塑造品牌形象，分流账号则用于强化产品宣传。这种微博矩阵适用于产品结构比较简单的企业，可以起到强化产品的作用。

AB 矩阵是指以品牌形象塑造和维护为主旨，以一个活动/形象微博+一个品牌微博的形式形成矩阵组合。这种矩阵的特点是：一正一辅，两个账号同时发力，避免信息混乱、账号定位不清；一硬一软，品牌硬性信息输出结合品牌软性诉求感化，从两方面同时吸引用户。

三维式矩阵是指在企业、产品线、生活理念维度上布局微博账号，发挥企业内部资源。例如，小米公司在微博上有"小米公司"官方账号，同时有"雷军""黎万强""林斌_Bin"等名人认证账号，也有"小米电视""小米手机"等以产品为主的官方账号。

⑥善用推广渠道。目前，微博平台的推广渠道有群发私信、微博粉丝通、微任务平台、热门话题等。

群发私信主要借助粉丝服务平台实现，有群发自动回复、自定义菜单、素材管理、开发者中心等功能。登录微博后打开个人主页，单击左侧导航栏的"管理中心"，即可使用粉丝服务平台。群发私信是粉丝服务平台的附属功能，支持发送图片、文字、语音等多种形式的信息，每天只能发送一次。

微博粉丝通基于微博平台的海量用户，能将广告信息直接推送给粉丝和潜在用户。此外，微博粉丝通也具有普通微博的全部功能，可实现广告的二次传播，大幅提高广告转化率。微博粉丝通推广功能可以通过微博广告中心进行申请，一般在3个工作日内完成审核，并以私信方式发送给用户。不过，并不是所有行业都可以开通微博粉丝通服务，目前限制推广的行业有医疗医药行业、金融行业、招商行业、美容行业等。

微任务平台也是微博推广的重要渠道之一，目前支持个人账号、企业账号、自媒体账号三种类型。用户先在微任务平台上发布推广任务，再由自媒体账号承接用户发布的任务。自媒体账号完成推广任务后，用户要向自媒体账号支付佣金。企业认证用户在授权后即可进入微任务平台发布推广任务，第一次进行推广的用户需要充值一定数额的推广费。

热门话题是网络热点的风向标。网友可以通过榜单对粉丝关注的话题进行聚焦，在短时间内获得高曝光量。因此，参与热门话题可以轻而易举地实现企业的营销目的，将广告内容以裂变的方式传播出去，而且省去了高额的广告费用。

除了微博平台，也可以通过视频直播、问答平台、自媒体平台导流增粉。视频直播最大的特点是可以与用户进行实时互动，主播可以在简介中输入自己的微博账号引导粉丝关注，还可以在直播中通过活动的形式引导粉丝关注自己的微博账号。借助问答平台可以自然地植入微博账号，知乎、百度知道等问答平台中的回答者往往会在简介或答案中植入微博账号，实现导流增粉。随着媒体网站的崛起，越来越多的自媒体人在各种媒体上发布文章，利用文章内容及账号简介为微博增粉，如科技类自媒体人可在果壳网、虎嗅网等媒体网站上发布文章为自己增粉。

3. 微博数据分析

微博是一个社交媒体平台，微博营销需要通过粉丝量、阅读量、互动情况等判断微博账号的营销影响力。

（1）粉丝量和粉丝增长速度

粉丝是微博营销的基础，一个健康、有潜力的微博应该具有一定的粉丝量，且能保证粉丝量持续增长。

（2）粉丝活跃比

大部分有一定粉丝量的微博账号也同时有很多不活跃的粉丝，即"僵尸粉"。不活跃的粉丝没有实际意义，因此在分析微博粉丝时，应该关注实际的活跃粉丝。

（3）阅读量

阅读量相当于被微博用户看到的次数，阅读量越大，说明该微博被阅读的次数越多。因此，微博的阅读量越大，传播能力越强。

（4）互动情况

互动是微博非常重要的功能，微博用户的转发、评论、点赞等都属于互动。互动情况可以直接反映账号和微博内容的受欢迎程度，也代表着粉丝的参与度。微博的互动状况越好，粉丝的接受度越高，宣传和推广效果越好。

4. 微博电商

（1）微橱窗

微橱窗基于新浪微博，是可以在社会化媒体上发布商品信息的技术产品。

（2）微博小店

2020年3月，微博小店正式上线，微博小店是微橱窗的进一步升级。通过微博小店的"橱窗"功能，博主可以在个人主页拥有单独的商品呈现专区，并可发微博分享橱窗中的商品。

【任务实训】

请同学们对照表3-5所示的实训任务单，完成本次课的训练任务。

表3-5 "微博营销"实训任务单

实训内容	项目三 扶商助企——"格美服装"主流网络营销 任务3 微博营销	分数	
实训对象		学时	
实训目的	1. 掌握微博营销的方法和策略 2. 能够为企业或个人注册微博账号并进行微博营销		
教学设备及软件	个人计算机、Office办公软件、手机等		
实训建议	个人计算机及手机均能连接互联网		
为"格美服装"完成企业微博账号的注册、设置、设计、运营及推广工作，要求如下。 （1）完成微博营销方案，并按方案实施。 （2）要求策划方案为原创，1000字以上，涵盖微博账号的注册、设置、设计、运营及推广计划。 （3）要求方案科学、准确、易落地、易实施。 （4）完成微博账号的运营及推广工作，至少发布2条微博，保留过程性文件（微博内容、评论、互粉、参加微博活动、微博推广等的截图）。			

【知识拓展】

1. 如何增加微博粉丝量

（1）常规涨粉方法

微博"大V"的粉丝量很多，他们发布一条微博，通常会收到上万条评论。目前，微博评论是可以配图的，虽然并不会直接显示图片，但如果评论具有吸引力，微博网友就会感到好奇，从而点击图片进行查看。因此，可以将广告植入图片中进行涨粉，如在图片中加上水印标识。在给"大V"评论后，就可以发布奖品转发、关注抽奖等微博，这样被评论吸引的用户就可能成为粉丝，这些粉丝又会转发微博，从而实现裂变式传播。

奖品激励是最直接、有效的手段。通过微博抽奖平台可以发布微博抽奖活动，发布时首先要说明活动的奖品，其次要写明参与活动的条件，最后要说明活动开奖的时间，并@微博抽奖平台。

通过微博推广涨粉是指利用微博提供的"博文头条"功能，让自己的微博内容在粉丝的微博页面置顶显示。这一功能可以避免微博内容被其他微博覆盖，进而提高阅读量、点赞量、评论量和关注量。一般而言，使用"博文头条"功能后，阅读量会提高3~5倍，有时会提高7倍以上。

（2）通过关注同类人群涨粉

在微博上，喜欢同一领域且有共同喜好的人群往往会相互关注。例如，一位用户喜欢足球，关注了很多足球类的微博账号并喜欢与之互动，同时也会发布足球类的内容，此时，被关注的人很可能会反过来关注。

（3）通过已有平台导流

微博上有很多"大V"聚集了大量粉丝，这些账号涨粉的速度很快，基本都是通过其他社交平台进行推广导流带来的粉丝，如微信、微信公众号、抖音、快手、豆瓣、贴吧等平台。

2. 如何防止粉丝量下滑

微博粉丝量下滑往往是因为以下几种原因，企业在进行微博营销时要注意避免这些行为。
（1）刷屏。当用户觉得微博内容对自己没帮助时，往往会选择取消关注。
（2）微博没有稳定的内容。
（3）经常发布让人反感的广告帖。
（4）微博内容与粉丝的立场抵触。

3. 如何提升微博的活跃度

（1）通过高效互动增加粉丝黏性。互动的方式有评论、转发、私信、提醒等，这些互动能显著提升活跃度。
（2）通过话题提升微博转发量。这里的"话题"有两种含义，一种是热点信息，既然是热点就有话题性、传播性，而能够引发讨论和转发的内容都是话题；另一种是微博里的"话题"功能，可以把话题关键词用"#"标注，引发更多用户注意。

4. 微博粉丝通的投放流程

微博粉丝通的计费模式分为按照有效互动次数计费（CPE）和按照曝光人次计费（CPM）。CPE模式按照用户的互动行为收取费用，互动标准有转发、点击链接、关注、收藏等（不包括评论），最低价格为0.5元/次。CPM模式按照千次展示收费，最低价格为5元/1000人次。

微博粉丝通的投放流程如下。
（1）登录新浪微博账号，依次单击"管理中心"→"广告中心"，进入微博后台。
（2）微博粉丝通目前支持推广的广告类型有三种，分别是微博推广、应用推广、账号推广，用户可以根据实际需求选择相应的推广类型。
（3）单击"新建广告组"，创建一条微博创意或选择已有微博。

（4）设置定向条件，依据用户兴趣等进行粉丝分析，准确地锁定投放人群。

（5）设置出价和扣费，根据企业推广的需求及实际情况设置投放出价，粉丝通系统会根据设定的价格进行扣费。

（6）微博投放后可以及时查看投放的数据结果。粉丝通是实时竞价产品，一旦开始投放，就需要运营人员密切关注数据，随时对广告进行调整优化。要想取得好的投放效果，还要注意投放技巧，具体内容如下。

① 微博创意一定要新颖。通常来说，一条优秀的微博广告创意可从文案、配图、着陆页三方面进行设计。

② 设置人群定向时优先考虑性别、年龄、地域等人口属性。

③ 设置出价时，建议新用户使用 CPM 模式，它可以让广告创意获得高曝光率，根据数据反馈随时调整出价、创意和人群定向。

④ 投放时注意区别移动端用户和 PC 端用户。

⑤ 评论是客服的阵地。收到用户留言后，要第一时间给予回复，引导并留住潜在用户。

【任务拓展】

请同学们对照表3-6所示的拓展训练任务单，完成本次拓展训练任务。

表3-6 "微博营销"拓展训练任务单

训练内容	项目三　扶商助企——"格美服装"主流网络营销 任务3　微博营销	分数	
训练对象		学时	
训练目的	1. 掌握微博营销的策略 2. 能够进行微博营销，并进行项目的复盘总结		
教学设备及软件	个人计算机、Office 办公软件、手机等		
训练建议	个人计算机及手机均能连接互联网		
依据"格美服装"微博营销方案及实施情况，完成项目复盘总结报告，要求如下。 （1）报告要求为原创，800 字以上。 （2）制作汇报 PPT，在课上进行分组汇报。			

【习题与反思】

1. 设计微博内容时有哪些注意事项？
2. 企业布局微博矩阵时有哪些注意事项？
3. 企业发布微任务时需要遵循哪些流程？

任务4　知乎营销

【任务描述】

知乎是一个真实的网络问答社区，是当前最大的中文互联网知识社交平台。知乎以"知识连接一切"为使命，聚集了一批科技、商业、文化等领域里颇具创造力的人群，生产和分享高质量的内容，构建了高价值的人际关系网络。用户通过问答建立信任和连接，彼此分享专业知识、经验和见解，实现个人品牌价值的全面提升。

请各位同学掌握知乎营销的策略，为"格美服装"注册知乎账号，进行知乎营销。

【学习目标】

知识目标	1. 了解知乎的主要功能 2. 掌握知乎营销的策略（重难点）
能力目标	1. 能够为企业或个人注册知乎账号 2. 能够为企业或个人进行知乎营销
素养目标	1. 具备优秀的文字策划与撰写能力 2. 具备良好的沟通能力

【知识学习】

1. 知乎的主要功能

（1）发想法

在知乎 App 的首页下方点击"+"可以找到"发想法"功能，并将独到见解、各种想法以图文并茂的形式发布出去，如图 3-24 所示，优质想法可以获得平台推荐，利于导流。

（2）写文章

在知乎 App 的首页下方点击"+"可以找到"写文章"功能。文章排版完毕后，可以点击"邀请预览"，邀请所在专栏的编辑或相互关注的好友给出修改意见，进一步完善文章。在文章正式发布前，作者可以随时邀请好友查看文章草稿，写下想法和建议。文章发布后，文章底部会显示参与过讨论的用户。

（3）回答问题

在知乎 App 的首页下方点击"+"可以找到"回答问题"功能。擅于回答问题的作者可以自行添加擅长的话题，回答相关问题，也可以在热门问题中查找自己擅长的问题。

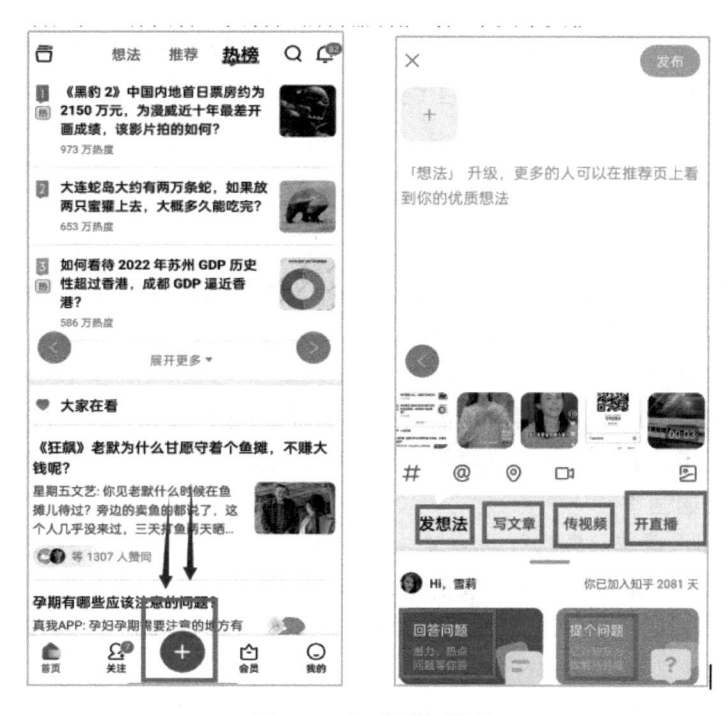

图 3-24　知乎创作界面

（4）知乎专栏

知乎专栏旨在为特定主题下有持续创作及写作需求的用户提供写作工具。

① 申请专栏。申请知乎专栏时，需要填写专栏名称、专栏话题、专栏背景。确定专栏名称后，在 180 天内仅可修改一次。最多可选择三个专栏话题，代表专栏的写作方向，通过申请后将不可修改，不同的写作方向可以分别申请并创建多个专栏。专栏背景即与专栏话题相关的背景，可以是教育经历（就读院校、专业等）、从业经历（就职单位、岗位等）、取得的成就及荣誉等，详细的背景资料有助于通过审核。

值得注意的是，用户可以拥有多个专栏，但同一时间内只可申请一个专栏。审核通过或失败后方可再次申请。提交专栏申请后，工作人员将在三个工作日内进行反馈。专栏申请通过后将收到知乎官方的私信。

② 申请条件。知乎官方规定了专栏的申请条件，主要有以下几点。

- 专栏必须由本人申请，不可代为申请。
- 申请账号的用户信息要符合《知乎用户信息管理规范》。
- 90 天内在知乎站内无《知乎社区管理规定》中规定的违规行为。
- 专栏需要有明确的写作方向，部分方向暂时不接受申请。
- 专栏绑定的话题不要过于宽泛。
- 接受申请的方向包括但不限于经济、金融、互联网、科技、饮食、旅游、家居、汽车等。
- 不接受申请的方向包括但不限于情感、两性、泛时政类、与主流科学观点相悖、可能影响他人利益的内容等。

③ 使用方法。在知乎 App 个人主页的"专栏"模块可以找到"我的专栏"，进入专栏后点击右上角的"写文章"按钮，即可在专栏中进行创作。发布文章后，作者可以在文末开启赞

赏，从而实现知识变现。作者可以将之前发表的同类文章投稿至自己的专栏，也可以将文章投稿至其他人的专栏，但需要经过专栏主编的审核。需要注意的是，一篇文章最多只能投稿至两个专栏。

2. 知乎的营销技巧

（1）做好"形象工程"

这里的"形象工程"是指平台的资料完整程度，例如背景图片、头像、教育经历、个人简介、一句话介绍等，与微博营销的技巧相同。

（2）做好内容定位

无论是出于产品推广还是账号维护的目的，都需要先给自己的内容进行定位。另外，所涉足的话题可以逐步扩大，但一定要建立在拥有一批可靠的粉丝且知识储备足够的基础上。

（3）掌握必要的回答技巧

① 回答的时间。选取问题进行回答时，如果涉及的行业发生了一些比较重要的新闻，要及时对相关问题进行"抢答"，以获取更多关注。

② 回答的频率。回答的问题并非越多越好，建议每天不超过 2 个。如果每天回答较多问题，会被认为有频繁刷题的作弊行为。

③ 回答的字数。回答时可以一句话直击重点，也可以多写一些，但字数不宜太多，不要超过 4000 字。

（4）适当加强互动

知乎的运营内容并非只是回答问题，还需要与其他用户进行互动。如果有用户在评论区求助或提问，千万不要吝啬自己的答案和方法。另外，在浏览行业相关资讯时，也可以适当地与行业大咖进行互动。

3. 知乎的营销实践

（1）回答问题

《知乎官方指南》对回答问题进行了规范，主要包括以下内容。

① 不要"灌水"。不要把评论当作答案来发布，如果答案对其他用户毫无帮助，其他用户可以点击"没有帮助"按钮将答案折叠起来。

② 提供支撑答案的原因。如果提出了某个观点，请说明提出观点的原因，以便于读者理解。

③ 提供有用的信息。在写答案时，要提供与问题相关的、有价值的信息，避免发表没有意义的文字、字符、图案、表情等，避免与问题本身无关或没有意义的回答。

④ 介绍链接指向的内容。如果回答内容中提供了其他网页的链接，需要介绍这个链接指向的内容是什么，便于读者判断是否阅读。

（2）赞同与反对

知乎平台对提问和回答给予评价的机会。每个答案的左侧都有蓝色的上、下箭头，如图 3-25 所示，向上的箭头表示赞同该答案，向下的箭头表示反对该答案。平台会根据积分规则对答案进行评分，积分多少决定了答案的排序。

图 3-25　赞同与反对的位置

（3）禁言处罚

知乎官方规定用户首次提交违规内容时，内容将被删除，发布者将收到私信警告；再次提交违规内容时，内容将被删除，账号将被禁言；多次提交违规内容时，账号将被停用。如果遇到尤其恶劣的情况，知乎保留永久停用该账号的权利。

（4）打造个人品牌

知乎是垂直领域的意见领袖打造个人品牌的优质平台，个人品牌的塑造要通过提升阅读量和粉丝量来实现。

【任务实训】

请同学们对照表 3-7 所示的实训任务单，完成本次课的训练任务。

表 3-7　"知乎营销"实训任务单

实训内容	项目三　扶商助企——"格美服装"主流网络营销 任务 4　知乎营销	分数	
实训对象		学时	
实训目的	1. 掌握知乎营销的策略 2. 能够为企业或个人注册知乎账号并进行知乎营销		
教学设备及软件	个人计算机、Office 办公软件、手机等		
实训建议	个人计算机及手机均能连接互联网		
为"格美服装"完成知乎账号的注册、设置、设计、运营及推广工作，要求如下： （1）完成知乎营销策划方案，并按方案实施。 （2）申请一个知乎账号，并至少关注一个感兴趣的话题（服装行业相关）。 （3）完善知乎个人资料。 （4）在知乎上回答一个感兴趣的问题。 （5）在知乎上申请一个专栏（服装行业相关）。 （6）完成知乎账号的运营及推广工作，保留过程性文件（供复盘总结使用）。			

【知识拓展】

知乎与百度知道平台的对比如下。

（1）内容深度

知乎走的是专业化路线，深而精；百度知道走的是大众化路线，广而大。知乎连接的是行业精英，分享专业知识和见解，因此比百度知道更专业，参考价值更大。

知乎的内容生产速度较慢，内容偏向于纵向发展，是一个良性信息聚合的平台；而百度知道对于回答者来说门槛较低，适合生活常识类和非专业类内容。

百度知道面向的是所有用户，每天都有无数提问者与回答者为该平台提供内容，但由于专业程度不够，难免会造成信息膨胀，产生一些互联网垃圾信息。

（2）信息流动

百度知道主要以用户主动需求为导向，而知乎具有关注以及信息分析等针对性推送功能，可以向用户主动推送信息。

（3）用户关系搭建

用户关系也就是提问者与回答者的关系。从运营关系网的角度来看，百度知道的用户关系属于浅层次关系，提问者很少真正与回答者形成关系，所以百度知道的回答多用于参考；而知乎则可以让用户之间通过见识、思想的碰撞，逐步产生"朋友"关系。知乎表面上看是问答，却又不仅是问答，实质上是运营关系。

【任务拓展】

请同学们对照表3-8所示的拓展训练任务单，完成本次拓展训练任务。

表3-8　"知乎营销"拓展训练任务单

训练内容	项目三　扶商助企——"格美服装"主流网络营销 任务4　知乎营销	分数	
训练对象		学时	
训练目的	1. 掌握知乎营销的策略 2. 能够为企业或个人注册知乎账号并进行知乎营销		
教学设备及软件	个人计算机、Office办公软件、手机等		
训练建议	个人计算机及手机均能连接互联网		
1. 复习知乎营销的策略。 2. 依据"格美服装"知乎营销方案及实施情况，完成项目复盘总结报告，要求如下。 （1）报告要求为原创，800字以上。 （2）制作汇报PPT，在课堂上分组进行项目汇报。			

【习题与反思】

1. 在知乎中发布文章时有哪些注意事项？
2. 如何在知乎中申请专栏？

任务5　简书营销

【任务描述】

简书是写作和阅读的社交平台，汇聚了大量文字爱好者。简书鼓励内容精美的原创内容，并会给予相应的推荐曝光量，逐渐营造出了平台的写作氛围，因此简书平台具有"以文会友"以及"文章质量高"的双重特点。

请各位同学熟悉简书平台，掌握简书的运营策略，完成"格美服装"的简书营销任务。

【学习目标】

知识目标	1. 了解简书平台及其发文规范 2. 掌握简书的主要功能以及提高阅读量的方法 3. 了解简书营销的策略
能力目标	1. 掌握简书账号的申请流程及设置方法 2. 掌握简书的主要功能，创建简书专题并写作（教学难点） 3. 能通过分析账号掌握简书的运营规律 4. 能够按照发文规范编辑和发布文章（教学重点）
素养目标	1. 具备良好的沟通能力 2. 具备严谨、认真的工作态度 3. 具备优秀的文字撰写能力

【知识学习】

1. 简书的功能

简书的主要功能包括简书专题、简书创作、简友圈等。

（1）简书专题

① 官方专题。简书官方创建了几十个专题，这些专题集合了简书作者们的优质内容，便于用户学习与交流。如果想查找简书官方的全部专题，从而找到感兴趣的领域，可在简书中搜索"简书官方专题汇总：玩转简书，就是做一道多选题"。例如，如果对手绘领域感兴趣，可以找到简书官方专题列表中的"漫画·手绘"专题，关注此专题便可获得此专题下所有关于漫画与手绘的相关文章。

简书官方专题的粉丝量较大，且会定期组织征文及其他活动。用户关注简书官方专题后，不仅可以学习相关内容，也可以进行投稿或者参加征文活动，以便提高文章阅读量并加大曝光度。

② 个人专题。简书作者也可以按照需求创建专题，并参与专题的管理。在简书 App 的"我的"页面找到"我的小岛/专题/文集"选项，可以为自己的社群、感兴趣的领域等创建一

个新专题，如图 3-26 所示。

（2）简书创作

在简书 App 主页点击"+"可以开始简书创作，创作形式有三种，如图 3-27 所示。"用模板创作"是指可以套用平台的现有模板，如图 3-28 所示。"发文章"即发布通常看到的简书文章作品。

图 3-26　创建个人专题 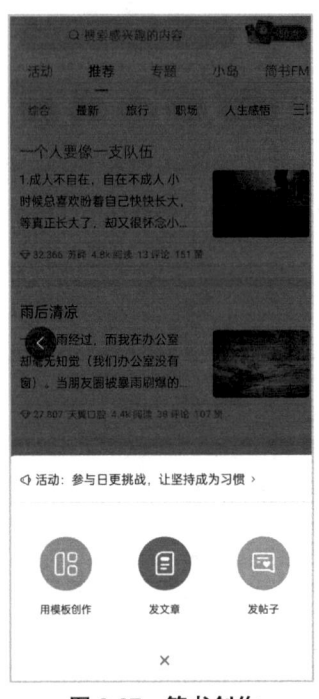　　　图 3-27　简书创作 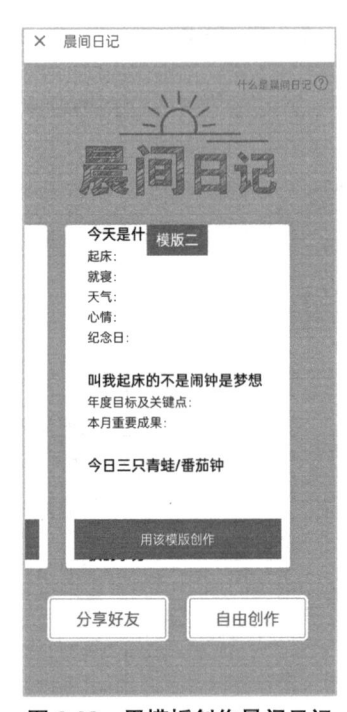　　　图 3-28　用模板创作晨间日记

书写文章前可以先为文章创建文集，以便有序存放。文集与专题的不同点在于，文集用于存放自己的文章，而专题可以接受其他作者投稿或收录相关文章。进入简书的"发文章"页面后，有两个默认文集供作者存放文章，也可以重命名这两个文集。如果文集不够，还可新建文集。

（3）简友圈

在简书 App 的个人主页中点击"关注"选项即可看到"简友圈"。"简友圈"类似于微信的"朋友圈"，用户可以关注一些简书作者的账号来及时看到他们的最新动态及发表的文章。

2. 简书的运营技巧

（1）发文规范

简书采用的是编辑推荐制，如果文章不符合基本的发文规范，将不会被编辑推荐。简书官方的"首页投稿"专题对发文有详细的要求，主要有以下七点。

① 文章必须是原创。简书是原创作者交流故事、沟通想法的平台，任何非原创文章都不会被首页推荐。如果发现所投文章非原创且被网友举报属实，将视情节严重程度进行相应惩罚。

②不要添加推广性质的链接。不要在文章正文中添加推广性质的链接，可以将链接放在个人简介中，从而被需要的人关注并获取。

③不要在文章中添加二维码或微信账号信息。为了保证用户的阅读体验，建议将二维码及微信账号信息放在个人简介中，这样关注的用户自然会看到。

④段落之间空一行。在段落之间空一行有利于增加互联网时代的阅读体验，让人读起来更轻松。

⑤尽量为文章配张图。为保证美观，应尽量为每篇文章配一张与内容相关的图片。简书文章列表页面会显示文章的缩略图，缩略图默认为文章中的第一张图片。

⑥插图不要带平台网址或水印。

⑦不要密集投稿。一般来说，一天投稿 1 篇是正常的，不建议超过 3 篇，否则不利于文章收录及被推荐至首页。

（2）玩转简书

①新上榜与热门榜。很多新人误以为"热门榜"文章就是"首页投稿"专题的文章，其实是不对的，"首页投稿"中的"首页"指的是"新上榜"文章，是由简书编辑筛选出来的。"热门榜"文章来源于"新上榜"文章，是由广大读者选出来的。所有"新上榜"文章都会被计算热度分数，只有分数高的"新上榜"文章才会出现在"热门榜"中，进而被更多读者看到。也就是说，"新上榜"＝"首页投稿"＝简书编辑筛选，"热门榜"＝"新上榜"＋热度分数＝简书编辑筛选＋广大读者筛选。

②"首页投稿"与"今日看点"。简书中有两个专题可以上首页，一个是"首页投稿"，另一个是"今日看点"。被"首页投稿"专题收录的文章一般会进入排队序列，排队时间取决于当日收录进"首页投稿"的文章数量，之后会依次出现在"新上榜"中。被"今日看点"专题收录的文章会绕过排队序列，优先出现在"新上榜"中。

"首页投稿"专题接受简书作者的投稿，而"今日看点"专题不接受投稿，只能被简书官方编辑收录。简而言之，"首页投稿"专题＋一段时间的排队等待（四天左右）＝"新上榜"；"今日看点"专题＝"新上榜"

③隐私设置。简书用户可以通过简书 App 发布私密文章，当作个人日记本，具体方法是写完文章后点击界面右下角的"保存为私密文章"。简书用户也可以对已发布的文章进行隐私保护，具体方法是在简书 App 中打开已发布的文章，选择"设为私密"即可。在简书 App 中依次单击"我的"→"私密文章"，即可浏览并修改相应的私密文章。

④简书专题。在简书中创立的专题不可以删除，只能对专题进行编辑，即修改相应的专题名称和介绍。因此，简书作者在创建专题时要谨慎，避免创建太多专题而无法删除。

⑤发布文章。简书作者一天内投稿的文章数量最好不超过 3 篇，每篇文章最多可投稿至 5 个专题，故简书作者可充分利用投稿机会，增加文章的阅读量。如果文章被推荐至首页，会在个人主页中的"消息"→"其他消息"中有相应的提醒。

⑥简书社群。简书官方专题公告栏中有相应的投稿须知及专题编辑的个人主页跳转链接，有些专题会把专题编辑的个人微信号放置在公告栏中，便于用户联系编辑并加入相应的简书社群。如果专题公告栏没有编辑的个人微信号，用户可以通过"简信"与编辑私聊，获取进入简书社群的方式。

3. 提高阅读量的方法

据统计，简书的自然打开率（没有经过站外推广，也没有经过编辑推荐）为8%。文章类型、发布时间、粉丝量等都会导致自然打开率变化，但有一点是不变的，即简书用户如果不主动运营，阅读量很难有较大的突破。要想提升简书文章的阅读量，可以从两方面考虑，一是提升文章的质量，争取文章被首页推荐；二是学会站外推广，保证文章被广泛传播。

（1）首页推荐

文章被首页推荐的途径有两个，一是投稿至"首页投稿"专题，被专题收录；二是投稿给简书官方专题，被专题编辑推荐至"今日看点"专题。

① "首页投稿"专题。审核官一鸣曾指出："拒稿的原因一般是非原创（转载、搬运文章等）、排版差（格式不统一、链接过多、段落过长、空白过多、标点乱用等）、打广告（文章中含有推广性质的外部链接、推广水印、个人邮箱地址等）、内容差/少等。"可见，如果想被"首页投稿"专题收录，排版规范、发文规范、内容质量等应满足要求。

简书CEO简叔曾指出："有一类文章是被重点推荐的，那就是'真实'。作者可以尽量分享自己的真实故事和真实体验。"真实情感更容易获得首页推荐，但文章不要太私人化，例如有的作者写某地一日游，总结自己的所见所闻，虽然此类文章是真实情感与体验，但读者缺乏共鸣与收获，也难入"首页投稿"专题。总之，文章要有真实情感，同时要给读者带来价值。

为了丰富文章类型、完善用户体验，"首页投稿"专题对文章主题也有筛选标准。如果文章在简书同质化严重，也极难进入"首页投稿"专题。

② "今日看点"专题。简书官方编辑具有推荐文章至首页的权利，被官方编辑推荐的文章会直接收录在"今日看点"中，立刻进入"新上榜"，被更多用户看到。

（2）站外推广

① 社交媒体。简书用户可以通过简书网页版或App将文章分享至其他平台，从而为文章导入流量。例如，简书用户可以将文章分享到微信群、朋友圈、新浪微博、QQ空间等，使文章获取更多站外阅读量。

② 简书社群。简书官方成立了微信社群，每个官方专题都有相应的社群，简书用户可联系专题编辑进入相应的专题社群。进入社群后，可将简书文章分享至社群，与其他简书作者交流想法，使文章被更多人看到。随着写作时间的累积，简书用户可以统计受欢迎的文章类型，结合自己擅长的领域，调整专攻领域的具体方向，达到作者与读者的良性循环。

【任务实训】

请同学们对照表3-9所示的实训任务单，完成本次课的训练任务。

表3-9 "简书营销"实训任务单

实训内容	项目三 扶商助企——"格美服装"主流网络营销 任务5 简书营销	分数	
实训对象		学时	
实训目的	1. 掌握简书营销的策略 2. 能够为企业或个人注册简书账号并进行简书营销		

教学设备及软件	个人计算机、Office 办公软件、手机等
实训建议	个人计算机及手机均能连接互联网

为"格美服装"完成简书账号的注册、设置、设计、运营及推广工作,流程和要求如下。
(1) 完成简书营销策划方案,并按方案实施。
(2) 申请一个简书账号,或用其他社交账号注册简书。
(3) 找出简书官方专题并关注至少三个感兴趣的官方专题。
(4) 为自己感兴趣的领域或社群创建一个专题。
(5) 用富文本或 Markdown 编辑器写一篇字数不少于 500 字的简书文章。
(6) 完成简书账号的运营及推广工作,保留过程性文件(供复盘总结使用)。

【知识拓展】

1. 简书营销号

2021 年,为了更好地管理那些发布营销内容的账号,同时也为了满足营销类账号的个性化需求,简书正式启动了"简书营销号"服务。

简书平台目前是比较好的软文营销平台,营销号每天可以发布 5 篇文章。简书营销号的开通方式是首先发送邮件至官方邮箱,邮件内容要包括账号昵称、推广品牌、运营者身份证复印件(企业用户要附带营业执照复印件)等。

2. 简书营销号的限制说明

营销号可以发布审核通过的营销类内容,但违规内容会被删除、中止合作和封号,因此营销号必须遵守简书用户协议和社区规则。营销号的账号名称必须是营销对象的品牌,并且一经确定不能修改,所发布的内容必须为该品牌的推广内容。营销号不允许代发其他品牌的推广内容,一旦发现则中止合作和封号。

营销号每天可以发布 5 篇文章,1 篇文章最多包含 1 个链接和 2 张图片,但所有内容不得在首页分发,且账号无法进行评论、点赞、关注、投稿、简信、打赏等站内互动操作,不享受白金会员的所有权益。

3. 简书、知乎、豆瓣、小红书的区别

简书是一个创作社区,任何人均可以进行创作。用户在简书平台上可以方便地创作自己的作品,互相交流。

知乎是网络问答社区,连接着各行各业的用户。用户分享着彼此的知识、经验和见解,为中文互联网源源不断地提供多种多样的信息。准确地讲,知乎更像一个论坛,用户围绕感兴趣的话题进行讨论,同时可以关注兴趣一致的人。

豆瓣是一个社区网站,以书、影、音起家,提供关于书籍、电影、音乐等作品的信息,描述和评论都由用户提供,是一个特色鲜明的网站。豆瓣还提供"书影音推荐""线下同城活动""小组话题交流"等功能,更像一个集品味系统(书籍、电影、音乐)、表达系统(我读、我看、我听)、交流系统(同城、小组、友邻)于一体的创新网络服务,致力于帮助都市人群发现生活中有用的事物。

小红书是一个生活方式平台和消费决策入口。在小红书平台中，用户通过文字、图片、视频记录年轻人的正能量和美好生活。小红书旗下设有电商业务，主要包括用户原创内容（UGC）模式的海外购物分享社区和跨境电商"福利社"。小红书拥有海外购物分享社区，"小红书购物笔记"于 2013 年上线，其实质是一个境外购物者的移动垂直社区，鼓励用户分享自己的购物心得。"福利社"则采用商对客（B2C）自营模式，直接与海外品牌或大型贸易商合作，通过存放在保税区和海外直邮的方式发货，满足不同用户的需求。

【任务拓展】

请同学们对照表 3-10 所示的拓展训练任务单，完成本次拓展训练任务。

表 3-10 "简书营销"拓展训练任务单

训练内容	项目三　扶商助企——"格美服装"主流网络营销 任务 5　简书营销	分数	
训练对象		学时	
训练目的	1. 掌握简书营销的策略 2. 能够为企业或个人注册简书账号并进行简书营销		
教学设备及软件	个人计算机、Office 办公软件、手机等		
训练建议	个人计算机及手机均能连接互联网		
1. 复习简书营销的策略。 2. 依据"格美服装"简书营销方案及实施情况，完成项目复盘总结报告，要求如下： （1）报告要求为原创，800 字以上。 （2）制作汇报 PPT，在课堂上分组进行汇报。			

【习题与反思】

1. 请简述简书营销的策略。
2. 请简述简书、知乎、豆瓣、小红书的区别。

任务6　App 营销

【任务描述】

App（Application）即应用程序，是安装在手机上的第三方应用程序。体验营销、互动营销、品牌推广等活动都可以通过安装在手机上的 App 进行。全球 500 强企业中超过 85% 的企业已经制作了自己的品牌 App，超过 100 个品牌已经在苹果应用商店发布了自己的 App。

请充分掌握 App 营销的方法与策略，以"格美服装"项目为载体，完成"能够为任意 App 进行营销"的能力目标。

【学习目标】

知识目标	1. 了解 App 营销的定义与模式 2. 掌握 App 营销的策略（重难点） 3. 掌握 App 营销的效果指标
能力目标	能够为任意 App 进行营销
素养目标	1. 具备优秀的图文设计、文案策划及文字撰写能力 2. 具备一定的营销意识 3. 树立换位思考的服务意识

【知识学习】

1. App 营销的定义

App 营销是指应用程序营销，即通过网页、智能手机、平板电脑等移动终端上的各种应用程序开展营销活动。

App 营销是移动营销的核心内容之一，具有成本低廉、精准度高、信息全面、随时服务、网上订购、全面互动等优点。企业开展 App 营销可以有效提升企业形象，与用户进行零距离接触，强化用户黏性，增强企业的经济效益。

2. App 营销团队的构成

一般来说，App 营销团队包括运营总监、文案策划、渠道经理（业务拓展部）、新媒体推广经理等。

3. App 营销模式

（1）广告营销模式

广告营销模式是指借助第三方 App，将企业的广告植入第三方平台中，从而开展营销活动。该营销模式下常见的广告形式有开屏广告、页内轮播广告、封底广告等，计费方式通常为按照点击次数收费。

(2) App 植入模式

App 植入模式是指将产品或服务的信息转化为一个应用情景植入到 App 中，用户下载 App 后可以看到产品或服务的信息。App 植入模式主要包括内容植入、道具植入、背景植入。

(3) 用户参与模式

用户参与模式是指企业开发具有趣味性或使用价值的 App，吸引目标用户使用，从而达到提升品牌知名度、塑造企业良好形象、提升用户满意度等目的。

(4) 购物网站模式

购物网站模式是指将购物网站移植到智能手机、平板电脑等移动终端上，使用户可以随时随地浏览网站，获取商品信息，并直接支付下单。

(5) 内容营销模式

内容营销模式以解决用户的实际需求为核心，提供优质的内容服务，帮助用户解决实际问题，吸引目标用户，从而达到营销目的。例如，作业帮 App 作为一款帮助用户解决学习问题、提高学习效率的移动应用程序，通过提供优质的课程进行营销。

4. App 营销策略

(1) 产品定位

产品定位可以从竞品分析开始做起，首先去各大应用市场寻找竞品，然后从目标用户功能、推广渠道优缺点等方面进行分析。通过竞品分析能大致了解产品的市场价值，也可以了解竞争对手有哪些值得学习和借鉴的地方。

产品定位至少能回答以下问题。

① 产品有哪些功能？

② 产品的受众有哪些？

③ 去哪里寻找产品的受众？

④ 产品能解决用户的哪些痛点？

如果清楚了以上几点，就很容易得出营销的关键点。在确定产品受众时，可以按照不同的维度对用户进行细分，常用的用户特征关键词有年龄、收入、地区、职业、性别、消费习惯、性格等，根据这些关键词可以找到用户与产品之间的联系。例如，电商平台的用户特征画像是有网购习惯、收入水平中等偏上等；游戏 App 的用户特征画像是喜欢游戏、有游戏充值记录等。

(2) 前期准备工作

① 对目标用户进行梳理。要梳理的内容包括用户的需求和消费意向、影响用户消费动机的因素、消费动机的类型、消费行为模式、影响用户消费的社会因素及心理因素等，梳理的目的是让产品找准市场，切中用户需求。此外，App 管理者还应该留意用户最常使用的设备。

需要特殊强调的是，App 必须以服务年轻群体为主。据调查，大多数使用智能手机、经常下载应用程序、喜欢创意的用户都是年轻人。因此，占领年轻人市场基本上就占领了大部分 App 市场。

② 设计 Logo。Logo 是对点击率影响最大的因素之一，设计 App 的 Logo 时可以参考以下技巧。

● Logo 图片的分辨率应该足够高，且能让用户精准把握画面的含义。

- Logo 可以是一个图标或汉字，例如淘宝 App 的 Logo 就是一个"淘"字，如图 3-29 所示。

图 3-29　淘宝 App 的 Logo

- Logo 的含义不宜太多，能突出公司的主体和品牌文化即可。
- 在节假日及一些特殊纪念日，可以更改 App 的 Logo 来契合节日氛围。
- App 运营者可以在百度搜索引擎或微信小程序中搜索"免费 Logo 设计"，在喜欢的平台上定制 Logo。

③ 选择 App 名称。建议起一个好听、易记忆、易传播的名字。另外，为了确保 App 有唯一、高度可识别的名称，可以考虑将关键字添加到 App 名称中，使用户更加容易搜索和熟悉该产品。

④ 做好产品测试。在上架之前应该做足够多的测试，确保 App 上市时的完整性。产品测试的内容包括应用名称、应用口号、应用介绍、应用截图、登录账号、电话号码、运行速度等，还应该收集用户的建议。另外，还需要做必要的产品压力测试，也就是要预估 App 的承载能力。

⑤ 确定 App 上线的时间。具体时间要视目标用户的实际情况而定，新闻资讯类的 App 可以在周一上线，娱乐游戏类的 App 可以在周五上线。

⑥ 选择首发的应用商店。目前的应用市场都支持 App 首发，只不过申请方式有所差别，运营人员可以详细了解之后进行申请。

⑦ 做好宣传工作。一般来说，App 上线后的第一周是排名最有力的阶段，在这个时间段内要做好推广工作，制订产品推广计划，联系在线和离线媒体进行推广。

⑧ 做好用户反馈。从运营角度来看，运营人员必须要考虑 App 上线后怎样收集和处理从用户那里反馈回来的信息。

（3）App 营销渠道

① 线上渠道。在上线初期要最大范围地覆盖所有线上渠道（包括苹果应用市场、安卓应用市场等主流平台），详见本任务的知识拓展部分。

② 运营商渠道。如果 App 能预装在运营商的商店中，会获得庞大的用户群体和可观的流量，还可能得到运营商的补贴和支持。

③ 第三方商店。第三方商店已经成为许多 App 的流量门户，中国有近 100 家第三方 App 商店。

④ 手机制造商商店。App 运营人员可以联系手机制造商，将 App 预装在手机商店中，例如联想乐商店、魅族应用商店等。

⑤ 广告平台。信息流广告不仅能保证传递效果，还能通过算法机制、人群导向、创业测试等人工干预和优化方式，降低转换成本。不建议采用弹窗广告进行营销（可能会导致用户反感），但是可以在部分应用内以轮播图的形式展示 App 广告，吸引目标用户下载。

⑥ 社交平台。主流的社交平台有明确的潜在用户，可以快速推广产品，这种推广主要采用合作分享的方式，合作方式多种多样。

⑦ 新媒体平台。微博、微信、抖音等是 App 营销的重要平台，新媒体推广的方式和平台如图 3-30 所示。

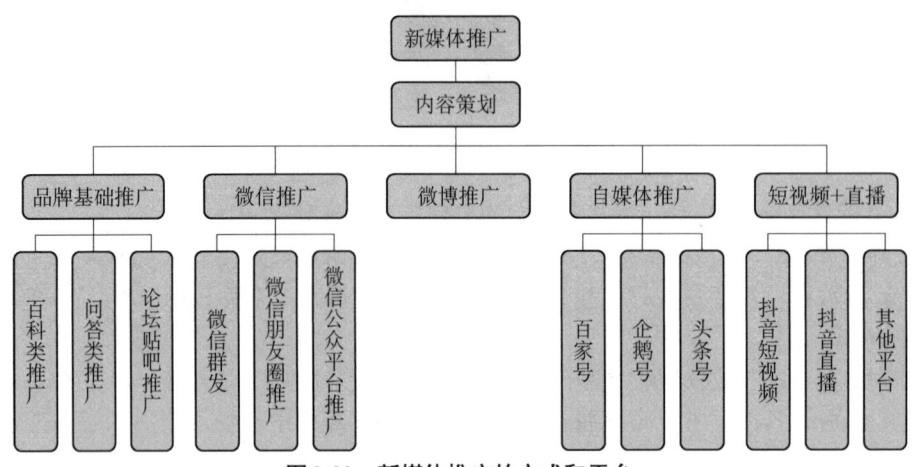

图 3-30 新媒体推广的方式和平台

⑧ 应用内推广。应用内推广是指将企业 App 植入到其他应用中进行推广，在其他应用中的相关位置（例如开屏广告、底部横幅、焦点图广告等）展现企业 App 的广告信息，以业务合作或企业付费的方式开展推广。

5. App 营销的数据指标

（1）与用户有关的指标

① 保留用户和保留率。保留用户和保留率可以反映不同时期的用户流失情况，能帮助运营人员找出用户流失的具体原因。保留率会随着时间的推移而逐渐降低，一般在 3~5 个月后达到稳定水平。

② 活动率。运营人员不需要关注每日的活跃用户数量，而应该关注活动率（活动用户数量除以总用户数量）。用户的活动率通常随着时间的推移而逐渐降低，在 3 个月或半年后，活动率通常为 5%~10%。

（2）与应用有关的指标

与应用有关的指标包括应用启动次数、使用时长、使用频率等，可以按日、周、月、年来统计。用户打开 App 就被视为启动了应用，退出后则视为结束。对于启动次数的统计，要区分版本及时间。

（3）与路径有关的指标

与路径有关的指标用于分析页面访问和跳转情况，利用路径分析可对用户进行细分，了解用户的偏好。

（4）与渠道有关的指标

在对 App 的新增用户数、活跃用户数、转化率及保留率进行分析时，可以按渠道来分类，这样就可以了解不同渠道的用户情况，为后期做营销推广时提供参考依据。

在 App 数据分析过程中，以上基础数据具有通用性。但在实际分析时，还要对 App 的个性化指标进行分析。

【任务实训】

请同学们对照表 3-11 所示的实训任务单，完成本次课的训练任务。

表 3-11　"App 营销"实训任务单

实训内容	项目三　扶商助企——"格美服装"主流网络营销 任务 6　App 营销	分数	
实训对象		学时	
实训目的	1. 掌握 App 营销的策略 2. 能够进行 App 营销		
教学设备及软件	个人计算机、Office 办公软件、手机等		
实训建议	个人计算机及手机均能连接互联网		
为"格美服装"制订 App 营销方案，要求如下。 （1）App 营销方案为原创，1000 字以上。 （2）要求方案科学、准确，适合"格美服装"进行 App 营销。			

【知识拓展】

1. 各大手机应用商店的 App 首发要求

各品牌终端应用分发平台的名称不同，本书统称为"应用商店"。App 首发要求如下。
（1）华为应用商店

华为应用商店的 App 首发分为更新版本首发和新应用首发，更新版本首发支持独家首发和联合首发，新应用首发只支持独家首发。如果新应用要在华为应用商店首发，则 7 天后才能在其他应用商店发布。

华为应用商店提供的首发资源位有首页精品应用推荐、首发专区展示等，并且有首发标签显示。运营者需要提前 5 个工作日在应用首发管理页面进行申请，同时要将应用程序包发送到指定邮箱。

（2）OPPO 应用商店

OPPO 应用商店的 App 首发分为更新版本首发和新应用首发，新应用首发要求该 App 没有在其他渠道上架过（也就是只能独家首发），更新版本首发要求比其他渠道提前 10 分钟发布。对于更新版本首发，OPPO 应用商店提供的资源位有软件精选页面和专题推荐；对于新应用首发，会提供图文内容重点推广。需要注意的是，更新版本首发最多展示 15 天，而新应用首发的展示时间则可以根据运营策略来调整。

在应用内测期间，运营人员可以在 OPPO 应用商店中申请首发（需要提前两周）。

（3）vivo 应用商店

vivo 应用商店的 App 首发被称为"新品速递"，资源位为应用商店首页的"新品"模块，App 可以是更新的产品，也可以是新入驻的产品。申请时间为每周三 8:00～18:00，需要发送申请邮件至指定邮箱。

（4）小米应用商店

小米应用商店的 App 首发分为更新版本首发和新应用首发，未在其他渠道上架过的应用可申请，申请方式为发送申请邮件至指定邮箱（需要提前 4~5 个工作日）。首发的资源位有首页精品和分类精品，但最终只会上架到其中一个资源位。

（5）魅族应用商店

魅族应用商店提供的 App 首发资源位有首发精选和"发现"评测页面，其中"发现"评测需要提供评测文章，会永久展示。在魅族应用商店申请首发的 App 要求未在其他渠道上架过，申请方式为提前 3~4 个工作日发送邮件至指定邮箱。

2. App 上线设置及关键词选择策略

（1）苹果应用商店的应用搜索优化

App 上线的关键词优化要从标题、副标题、展示图、简介、评分等方面入手。在应用商店中，App 能否出现在搜索结果中与关键词有很大关系。关键词排名越靠前，App 被用户下载的概率就越大。据统计，关键词搜索的 80%流量会被排名前三的 App 瓜分。

在关键词搜索中，标题的权重最高，副标题次之，因此建议将核心关键词添加到 App 的标题中。

如何选择合适的关键词呢？首先，运营人员需要考虑用户会通过什么样的关键词来搜索应用。例如，音乐类 App 的标题可以带有"音乐""歌曲"等关键词，因为用户通常会通过这些关键词搜索音乐播放器。下面介绍几种 App 标题关键词的选择方法。

① 品牌词+使用用途词。

② 品牌词+功能/工具词。

③ 品牌词+行业词。例如"土巴兔装修——室内设计"中的品牌词为"土巴兔装修"，行业词为"室内设计"。

④ 品牌词+诱导词。例如"美团外卖——美食水果优惠订餐"中的"优惠订餐"就是诱导词。

⑤ 品牌词+数据词。例如"拼多多——3 亿人都在拼的购物 App"中的"3 亿人"就体现了 App 的用户量，而"购物"则是核心关键词。

⑥ 品牌间+名人/热剧词。视频类及音乐类 App 常用这类标题，例如"爱奇艺——XX 喊你来追剧"。

在苹果应用商店中提交 App 时可以提交关键词标签，关键词标签与标题中的关键词不会重复记录权重。因此，如果标题中已经有该关键词了，那么关键词标签就不必再重复设置，否则只会浪费字符。在设置关键词标签时要注意：关键词越靠前，权重越高，因此要将重要的关键词放在前面。

（2）安卓应用商店的关键词覆盖

① 华为应用商店。华为应用商店抓取的关键词范围很广，标题、简介、评论等都会被抓取。主标题和副标题的权重最高，其次是评论、关键词标签、小编推荐、简介。因此主标题和副标题中要有核心的关键词，例如房产中介 App 的主标题可以是"App 名称+中介找房电商平台"，副标题中可以加入的关键词有"找房""租房""房屋中介平台""海量房源""真房源"等，可将这些关键词组成一段话放在副标题中。

运营人员可以在华为应用商店的后台为关键词设置 100 个字符，官方的提示是关键词之间要用空格隔开，不能超过 4 个关键词。很多运营人员会以为只能设置 4 个词，实际上并非如此。运营人员可以设置 4 段话，每段话中可以包含多个关键间，但是这 4 段话的长度不能超过规定的长度。例如，旅行类 App 在华为应用商店中可以设置的关键词为"旅游住宿订票 酒店火车票 度假租车接送机 旅游攻略自驾游景点门票"，即用 3 个空格把关键词长度填满。

② OPPO 应用商店。与华为应用商店不同，OPPO 应用商店主要抓取主标题和副标题中的关键词。因此，在 OPPO 应用商店覆盖关键词时，标题要尽可能长一些。另外，OPPO 应用商店的词汇拓展能力比较强，可以在标题中以一个字为单位进行拓展，例如，可以用"拼""多"来覆盖"拼团""多点""拼好货"等词汇。因此，标题要尽可能地覆盖核心关键词。

③ vivo 应用商店。虽然 vivo 应用商店也提供了简介、更新内容等，但不会抓取这些内容中的关键词，所以不必在简介和更新内容中刻意植入关键词。在 vivo 应用商店中进行关键词覆盖时要注意控制副标题的字数，副标题过长可能会被降权从而影响排名，一般来说应控制在 12 个字以内，建议控制为 4 个字。在关键词的拓展方面，vivo 应用商店通常用词组来拓展，例如将"西瓜视频"拓展为"西瓜""视频"，还支持应用标签覆盖关键词。

【任务拓展】

请同学们对照表 3-12 所示的拓展训练任务单，完成本次拓展训练任务。

表3-12　"App 营销"拓展训练任务单

训练内容	项目三　扶商助企——"格美服装"主流网络营销 任务 6　App 营销	分数	
训练对象		学时	
训练目的	1. 掌握 App 营销的策略 2. 能够进行 App 营销		
教学设备及软件	个人计算机、Office 办公软件、手机等		
训练建议	个人计算机及手机均能连接互联网		
为"格美服装"制订 App 营销方案，要求如下。 （1）营销方案为原创，1000 字以上。 （2）要求方案科学、准确，适合"格美服装"进行 App 营销。 （3）制作 PPT，在课堂上进行汇报。			

【习题与反思】

1. 可用的 App 下载市场、应用商店以及其他 App 免费发布渠道有哪些？
2. 如何提高 App 的用户活跃度？
3. App 的运营阶段可以分为前期、中期和成熟期，这三个阶段应该运用的策略分别有哪些？

项目四　扶商助农——"红孩儿草莓生态园"视频营销

案例引入

为了帮助"红孩儿草莓生态园"打开网络销售市场，帮助农户通过新媒体进行农产品的推广与销售，我们将现实中的新媒体营销项目写入教材，开发了扶商助农——"红孩儿草莓生态园"视频营销项目，直接对接岗位，全面赋能农业发展，积极推进乡村振兴。

通过短视频和直播带货，一方面能帮助"红孩儿草莓生态园"进行采摘项目的宣传和推广，另一方面能使读者在专业能力、语言能力、心理素质方面得到提升。

项目地图

项目四　扶商助农——"红孩儿草莓生态园"视频营销	
任务1	短视频营销
任务2	直播营销

任务1　短视频营销

【任务描述】

2015年后，短视频"刮"起了一阵"旋风"。一些短视频"大V"的爆红使短视频领域的热度以直线上升的趋势爆发，在这种情况下，越来越多的企业、公司及个人需要通过短视频进行营销。

本任务是帮助"红孩儿草莓生态园"制订短视频营销方案，并完成短视频营销任务。

【学习目标】

知识目标	1. 了解短视频营销的前期准备工作 2. 掌握短视频营销的方法和策略（重难点）
能力目标	能够进行短视频制作以及短视频营销
素养目标	1. 具备新媒体敏感性、抗压能力等职业素养 2. 具备严谨、认真、细致的工作态度 3. 具备吃苦耐劳的劳模精神和工作作风 4. 具备"通过网络积极传递正能量"的职业操守 5. 能够发挥专业特长，积极投身社会实践，扶商助农，帮助更多需要新媒体营销的公司或个人进行项目推广，实现个人"小我"的社会"大价值"

【知识学习】

短视频的时长一般在5分钟以内，主要依托移动智能终端实现快速拍摄、美化、编辑，可在社交媒体平台上实时分享和无缝对接。短视频具有视频长度短、制作门槛低、社交属性强等特点。

从2017年开始，在诸多短视频App中，抖音、快手脱颖而出。抖音是年轻人的音乐短视频社区平台，用户可以选择歌曲并录制短视频。在抖音用户中，85%为"90后"，70%以上来自一、二线城市。抖音将"潮""范儿""魔性""脑洞"等关键词作为娱乐化营销的重点，吸引了很多年轻人紧跟潮流，以此为主题进行视频创作。

与抖音不同的是，快手主要面向三、四线城市的用户群体。这两个App的定位和商业模式不同，两个App在2018年碰撞出了火花，难分伯仲，业界遂称"南抖音、北快手"。

1. 短视频营销的前期准备工作

（1）组建短视频团队

短视频的拍摄流程包括前期准备、内容策划、拍摄、剪辑、发布、变现、粉丝转化、数据分析、新作品策划等。对处于起步阶段的短视频团队来说，如果每周产出 2～3 个原创短视频作品，需要 3～5 人。短视频团队构成如图 4-1 所示。

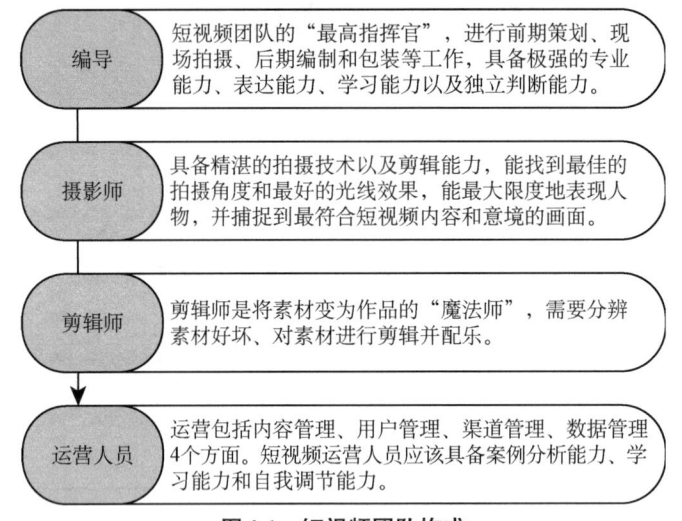

```
编导：短视频团队的"最高指挥官"，进行前期策划、现场拍摄、后期编制和包装等工作，具备极强的专业能力、表达能力、学习能力以及独立判断能力。

摄影师：具备精湛的拍摄技术以及剪辑能力，能找到最佳的拍摄角度和最好的光线效果，能最大限度地表现人物，并捕捉到最符合短视频内容和意境的画面。

剪辑师：剪辑师是将素材变为作品的"魔法师"，需要分辨素材好坏、对素材进行剪辑并配乐。

运营人员：运营包括内容管理、用户管理、渠道管理、数据管理 4 个方面。短视频运营人员应该具备案例分析能力、学习能力和自我调节能力。
```

图 4-1　短视频团队构成

（2）了解短视频类型

① 视频和图片剪辑式。这种短视频是指下载网络上的视频并剪辑成短视频，或者把多张图片合成短视频，配上音乐及文字说明，通常使用快剪辑、剪映等软件。

② 文字+图片式。几张背景图片加上几句好的文案就是一条吸引眼球的短视频。

③ 录屏解说式。这种短视频是指利用录屏软件将 PC 端或移动端的一些操作录制下来，然后配上解说，其制作门槛和成本都不高。

④ 人物采访式。

⑤ 剧情式。

⑥ 动画式。

（3）选择拍摄器材

① 智能手机。创作者用手机就能拍摄短视频并上传至短视频平台。国内的主流短视频平台都内置了短视频的拍摄、剪辑、分享功能，降低了短视频制作的门槛。用手机拍摄短视频的优点是操作简单、便于携带，缺点是防抖功能较差、摄像头清晰度不足。用手机拍摄短视频时要注意画面的亮度、画质等。

② 单反相机。单反相机是拍摄短视频的常用设备。在拍摄视频之前，要选择分辨率。分辨率越高，画质越清晰，占用的存储空间越大。帧速率是指每秒钟刷新图片的帧数，帧速率越高，视频越清晰，占用的存储空间越大。

③ 摄像机。如果需要制作精良的短视频，就必须使用摄像机（业务级摄像机而非家用 DV 摄像机）。与之相匹配的配件很多，例如摄像机电源、摄像机电缆、摄影灯、彩色监视器（用来保证拍摄画面的颜色）、三脚架（用来稳定拍摄设备）等。

④ 麦克风。

⑤ 轨道车。拍摄外景尤其是动态场景时，需要用到轨道车。

⑥ 无人机。无人机适用于高空俯拍场景。

2. 短视频账号的注册及运营

主流短视频平台的账号注册流程及运营领域大体相似，下面以抖音为例，总结短视频账号的运营经验。抖音账号运营流程如图 4-2 所示。

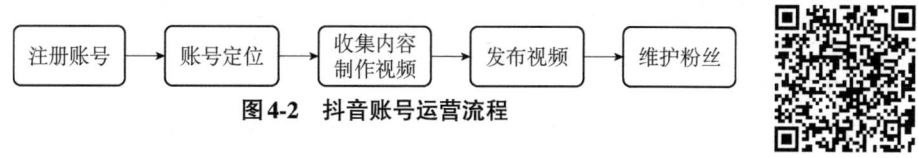

注册账号 → 账号定位 → 收集内容制作视频 → 发布视频 → 维护粉丝

图 4-2　抖音账号运营流程

（1）注册账号

如果是靠抖音盈利的账号，建议遵循"一部手机、一张手机卡、一个抖音账号"的规则。不要在同一个 IP 地址下登录多个抖音账号，以免被误以为是批量营销号。

（2）账号定位

播放量大的领域包括美食、时尚、萌娃、旅行、健身、游戏、宠物等。进行账号定位时，要结合自身特点及优势，在垂直领域内持续输出优质内容。

（3）收集内容、制作视频

视频的内容是核心，也是上"热门"的关键。一般来说，时长越短，越容易获得曝光机会，越容易被喜欢；时长太长会影响视频的完播率，很难被推荐。另外，还要时刻关注抖音热门音乐排行榜，使用热门音乐也会获得更多流量。

（4）发布视频

① 设计标题。标题是短视频的"眼睛"，决定了 80%的打开率，直接影响点击量，好标题更容易获得平台推荐。很多平台会按照标题的关键词为用户推荐短视频，例如，如果短视频标题是"OPPO 手机的使用技巧"，则短视频平台会将该视频推送给所有打了"OPPO"标签的用户。

② 选取封面。在用户还没有决定是否打开短视频时，视频封面就成了关键。

③ 添加话题。添加话题可以让短视频获得更多曝光量，一般建议添加 2 个话题，而且要善于借势热门话题。

④ @朋友。新发布短视频时建议@朋友，这样会获得更多点赞量。

⑤ 添加位置。抖音会根据位置优先将短视频推荐给附近的人，因此一定要添加位置。

⑥ 添加商品。可以开通商品橱窗等功能，配合短视频内容进行商品宣传和销售。

⑦ 同步视频。可以将短视频同步到今日头条等平台，并转发至微头条进行宣传和推广。

⑧ 添加标签。给短视频添加标签不仅可以进行分类，还告诉了平台要将短视频分发给什么样的粉丝群体。

⑨ 设置发布频率和时间。每天可以发布 3～5 个短视频，间隔时间为 1 小时以上，最好结合粉丝群体登录抖音的时间点来发布。同时，要做到定时、定量在垂直领域内规律性地发布短视频作品。

（5）维护粉丝

对粉丝进行维护是为了把陌生用户转化成忠实粉丝，以增强粉丝黏性。

3. 抖音的推荐机制

（1）第一阶段：智能分发

无论是否有粉丝，账号上传作品后都会得到抖音的基础流量，一般为几十到几百。抖音主要依据内容标签和用户标签进行智能分发，也会根据发布作品时设置的地理位置优先分发给附近的人。

（2）第二阶段：叠加推荐

根据首次推荐的反馈情况，抖音会再次进行推荐。反馈依据包括完播率（如果用户反复看了三遍，则完播率为300%）、关注比、转发量、点赞量、评论量、下载量，以及大数据算法和人工运营等。

抖音对作品有五大衡量指标，其重要程度依次为完播率、关注比、转发量、评论量、点赞量。

（3）第三阶段：热度加权

经过第二阶段之后，如果作品能够收获几万甚至几十万点赞量，人工编辑会把视频放在人工推荐池里。

抖音运营的四大要点分别是坚持垂直定位、深耕优质内容、满足用户喜好、持续输出作品。

4. 抖音的主要盈利模式

（1）线上电商

① 商品橱窗。个人主页的商品橱窗可以为发布的视频添加商品，也可以在直播间中添加商品，并拥有"DOU+"推广功能，如图4-3所示。

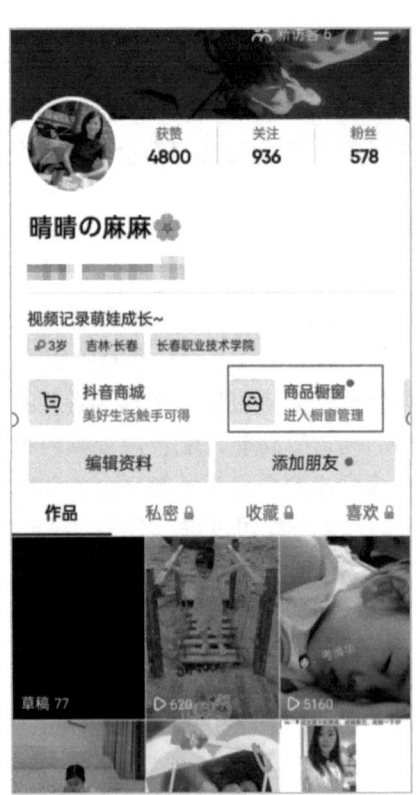

图4-3　个人主页的商品橱窗

② 抖音小店。如果不想使用商品橱窗，可以申请抖音小店来添加商品。用户可以直接在抖音App内完成购买，不需要跳转到其他网页。

③ 抖音购物车。抖音购物车支持跳转淘宝、天猫等 App，可在淘宝联盟内查看明细数据。

（2）平台导流

结合一些爆款进行搬运，把用户导流到其他平台，可以实现流量变现。

（3）定制品牌内容

一些品牌主在抖音短视频里设置各种各样的挑战赛，参加挑战的人可以得到一定的奖励。

（4）对接商品广告

短视频账号的粉丝数增多后，可以接一些商品广告。在短视频中植入广告的方法有很多，例如台词植入、道具植入、奖品植入、音效植入、场景植入等。

（6）直播

粉丝数增多后，可以通过直播销售商品，获得一定的费用。

（7）渠道分成及打赏

为了留住平台上的用户原创内容，平台会向短视频创作者提供补贴和分成。除了补贴，打赏在直播平台也很常见，用户可以向视频创作者赠送礼物。

（8）内容付费

短视频内容付费归根到底是花钱买内容，因此内容的有用性、排他性很重要。如果用户看了视频后能学到知识、技能，或者能产生满足感，就会愿意为之付费。

（9）活动奖励

短视频创作者可以参与平台举办的活动来获得奖励。

5. 短视频数据分析

短视频运营离不开数据分析，短视频运营指标如图 4-4 所示。

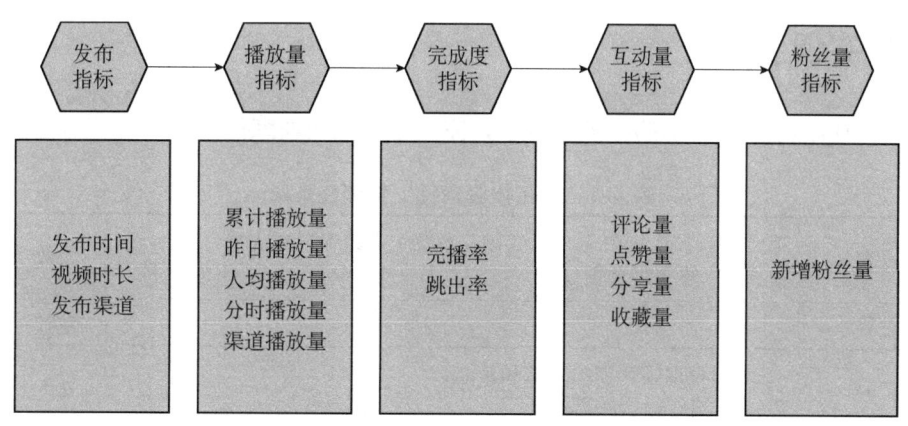

发布指标	播放量指标	完成度指标	互动量指标	粉丝量指标
发布时间 视频时时长 发布渠道	累计播放量 昨日播放量 人均播放量 分时播放量 渠道播放量	完播率 跳出率	评论量 点赞量 分享量 收藏量	新增粉丝量

图 4-4 短视频运营指标

6. 抖音企业号的注册和运营技巧

（1）抖音企业号注册

2018 年 6 月，抖音企业号认证平台正式上线，符合认证条件的企业均可申请抖音企业号，申请步骤如下。

① 在抖音官网中进入"企业认证"模块。

② 选择注册类型为"企业号"。

③ 通过邮箱账号进行注册，一个邮箱账号只能注册一次。
④ 填写信息表，所有资料必须真实、可靠。
⑤ 填写完后进入后台审核，审核时间为1～7天。

（2）抖音企业号的主要权益

① 具有官方认证标识的"蓝V"认证。
② 可进行全昵称搜索制订，并对"蓝V"认证用户名称进行唯一性锁定。
③ 企业认证用户可以自定义主页背景图。
④ 具备视频置顶功能。
⑤ 用户可跳转至官网主页进行转化或了解更多企业信息。
⑥ 可设置私信自动回复内容。
⑦ 可使用"DOU+"产品。
⑧ 具有营销洞察、数据分析功能。

（3）抖音企业号的运营技巧

① 结合产品。围绕产品做视频能让业务内容视频化，持续输出产品相关的优质内容。
② 形成标签。标签化指的是发布系列内容，形成用户对品牌的标签化认知，这种方法的好处是可以加深用户对企业品牌和产品的印象。
③ 利用抖音热门。抖音官方会定期推出许多热门话题、挑战玩法及热门音乐体验账号，企业可以借此增加自己的曝光度。
④ 与达人合作。与达人合作是企业号运营比较常见的方式，企业可以自行发起挑战，邀请达人参与，也可以在线下邀请达人参加品牌活动并发布作品。

【任务实训】

请同学们对照表4-1所示的实训任务单，完成本次课的训练任务。

表4-1 "短视频营销"实训任务单

实训内容	项目四 扶商助农——"红孩儿草莓生态园"视频营销 任务1 短视频营销	分数	
实训对象		学时	
实训目的	1. 掌握短视频营销的方法和策略 2. 能够进行短视频营销		
教学设备及软件	个人计算机、Office办公软件、手机等		
实训建议	个人计算机及手机均能连接互联网		
为"红孩儿草莓生态园"制订短视频营销方案，流程如下。 1. 注册账号。 2. 按照以下步骤完善资料。 （1）设置昵称（原则：简单易记，能说明作品领域）。 （2）在垂直领域内设置头像。			

（3）设置生日、所在地以及学校，方便平台匹配粉丝。
（4）设置抖音号（要求简单易记，方便查找）。
（5）更换主页背景。
（6）设置"挂件中心"以及"二维码"。
（7）依次编辑"抖音商城"→"商品橱窗"→"我的音乐"→"直播动态"→"我的小程序"。
3. 按照以下步骤制作视频。
（1）设计脚本，写作文案。
（2）进行拍摄前的准备工作。
（3）拍摄视频。
（4）剪辑并美化视频。
（5）完善视频。
4. 按照以下步骤发布视频。
（1）添加作品描述。
（2）添加流量较高的热门话题。
（3）@朋友。
（4）为视频制作封面，并按添加文字说明。
（5）设置定位。可以围绕热门景点、热门商场、网红打卡地等设置定位，也可以定位到某个实体店铺，方便平台把作品推送给对该领域感兴趣的粉丝。
（6）添加标签。
（7）设置作品展示权限。
（8）开启作品同步功能，将视频同步至西瓜视频和今日头条等。
（9）声明"原创内容"（加入"伙伴计划"后，原创内容享受流量分成）。
（10）进行高级设置（保存本地、保存内容带水印、高清发布、允许下载、谁可以合拍、谁可以转发等）。
5. 维护粉丝，分析数据。
6. 复盘总结，提出改进意见。

【知识拓展】

1. 借助电商平台打造短视频（京东篇）

（1）主图短视频

主图短视频的时长为6～90秒，推荐尺寸为16:9，视频大小为50MB以内，要求使用纯白色背景或者相应的使用场景，尽可能不出现其他物品及景观。要求商品完整出现在可见区域内，保持水平视角，严禁歪斜、抖动。主图短视频的特点是风格突出、形式简单、不用或尽量少用字幕、不用夸张的字幕等。

（2）商品详情页短视频

商品详情页短视频主要用来介绍商品功能，时长为30～180秒，推荐尺寸为16:9，大小为500MB以内，不得使用流行乐曲作为背景音乐。拍摄时建议使用三脚架，防止抖动、歪斜、模糊、方向颠倒、比例异常。商品详情页短视频的特点是风格突出、形式简单、方式优美，如图4-5所示。

（3）店铺短视频

商家可以制作店铺短视频并上传，审核通过后会在店铺主页进行展示，主要用来做活动促销、品牌宣传、新品发布等，视频时长为6～180秒，其他要求与商品详情页短视频一致。

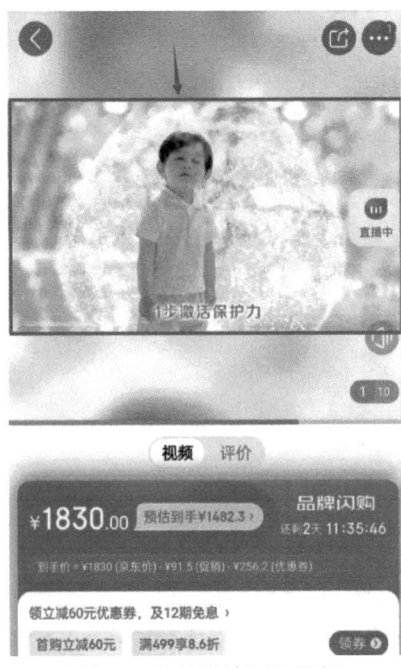

图4-5 商品详情页短视频

（4）京东内容板块

京东首页有很多板块，例如京东秒杀、发现好货、品牌秒杀、京东视频等，各板块的短视频时长及要求不同，请通过网络自行查询最新版的视频制作规范。

需要强调的是，京东 App 中的短视频内容要遵守国家法律法规，严禁出现黄、赌、毒、低俗、诱导性、侮辱性内容，尤其不能出现新广告法中的禁用词汇，不得出现不符合商品实际情况的夸大或虚假宣传等。其他内容规范请通过网络自行查看。

2. 掌握短视频的运营技巧

短视频的运营技巧可总结为：内容优质不营销、领域固定不乱跳、发布时间有技巧、宏大背景多人照、热门音乐契主题、竖屏全屏画质好、每日更新权重高、追着热点众人笑。

【任务拓展】

请同学们对照表4-2所示的拓展训练任务单，完成本次拓展训练任务。

表4-2 "短视频营销"拓展训练任务单

训练内容	项目四　扶商助农——"红孩儿草莓生态园"视频营销 任务1　短视频营销	分数	
训练对象		学时	
训练目的	1. 掌握短视频营销的方法和策略 2. 能够进行短视频营销		
教学设备及软件	个人计算机、Office 办公软件、手机等		
训练建议	个人计算机及手机均能连接互联网		

1. 完成"红孩儿草莓生态园"短视频营销方案的复盘总结报告（Word版本）。
2. 针对复盘总结报告，制作复盘总结PPT，并进行汇报。

【习题与反思】

1. 抖音涨粉的方式有哪些？
2. 如何实现精准导流？
3. 可能导致账号违规的操作以及处罚措施有哪些？
4. 如何打造短视频个人IP，实现短视频变现？

任务2　直播营销

【任务描述】

网络直播是时代发展的产物。现阶段，直播的爆发之势已然形成，用户数量激增，大量资本涌入，各大直播平台纷纷崛起，直播行业已进入成熟阶段，直播风口已经形成。

本次任务是帮助"红孩儿草莓生态园"制订直播营销方案，并完成直播营销与推广任务。

【学习目标】

知识目标	1. 掌握直播带货等主流新媒体营销知识 2. 掌握直播营销的方法和策略（重难点） 3. 掌握直播带货的具体操作方法
能力目标	能够进行直播营销
素养目标	1. 具备新媒体敏感性、抗压能力等职业素养 2. 具备严谨、认真、细致的工作态度 3. 具备吃苦耐劳的劳模精神和工作作风 4. 具备"通过网络积极传递正能量"的职业操守 5. 能够发挥专业特长，积极投身社会实践，扶商助农，帮助更多需要新媒体营销的公司或个人进行项目推广，实现个人"小我"的社会"大价值"

【知识学习】

网络直播先后经历了四个发展阶段，分别是直播 1.0 时代——PC 秀场直播、直播 2.0 时代——游戏直播、直播 3.0 时代——移动直播+泛娱乐直播、直播 4.0 时代——VR 直播。

1. 直播营销的概念与要素

直播营销是一种随着事件的发展进程制作和播出节目的营销方式，以直播平台为载体。直播营销包括场景、人物、商品、创意四个要素。

① 场景是指营造直播的气氛，让观众身临其境。

② 人物是指直播的主角，可以是主播或直播嘉宾，用以展示内容，与观众互动。

③ 商品要与直播中的道具或互动有关，以软植入的方式达到营销目的。

④ 创意可提高直播效果，吸引观众观看。例如，明星访谈、互动提问等形式比简单的表演直播更吸引观众。

2. 直播营销前的准备工作

（1）打造直播团队

① 主播。主播必须熟悉商品信息，负责讲解商品、与粉丝互动、介绍优惠活动、复盘直播内容、建立品牌形象等。

② 直播助理。直播助理负责配合直播间的所有现场工作。

③ 场控。场控负责控制直播中控台，进行发放红包及上架商品等操作。

④ 执行策划。执行策划负责设计活动和脚本等。

⑤ 副播。副播是主播在直播间的搭档。

⑥ 客服。客服负责与观众进行线上互动，并处理发货、售后等问题。

（2）打造运营团队

运营团队的人员分工如图4-6所示。

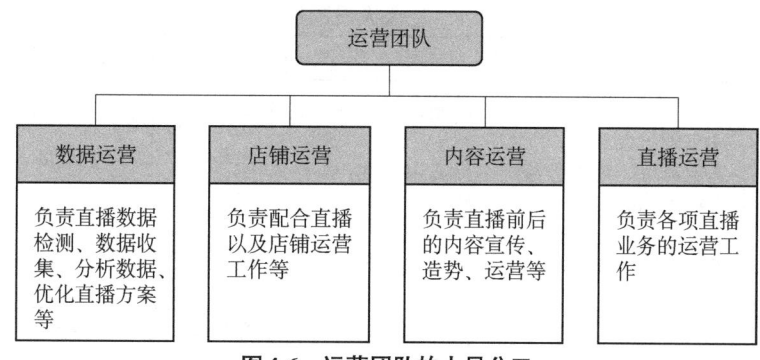

图4-6 运营团队的人员分工

（3）提升主播的核心能力

优秀的主播应该具备商品讲解能力、语言表达能力、形象管理能力、自我学习能力、控场能力、亲和力、人设塑造能力、心理承受能力等。

一般来说，主播可以通过FABE法则处理用户关心的问题，从而顺利地销售商品，如图4-7所示。

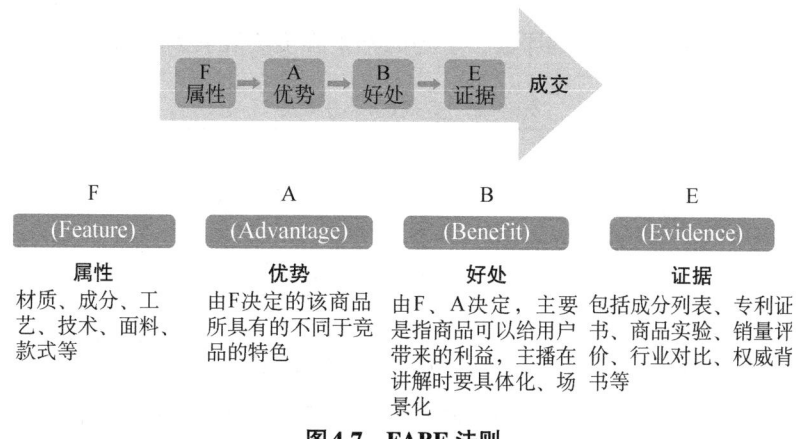

图4-7 FABE法则

主播的语言表达应该清晰、饱含热情，主要技巧如下。

① 富有感染力。语言应尽量口语化,并搭配丰富的肢体语言和面部表情。

② 灵活表达。主播面对表扬或点赞,要积极回应;面对批评,要幽默化解或坦荡认错;面对善意的建议,要酌情采纳。

③ 配合情绪。主播直播时要有饱满的情绪、丰富的面部表情、真诚的情感等。

④ 内容明确。主播的语言要有逻辑,学会提炼语句重点,清楚地介绍商品或活动规则。

⑤ 语调变化、语速适中。如果想提升商品销量,语速最好为每分钟 150 字;如果为观众讲解专业内容,语速最好为每分钟 130 字;讲到要点时,要刻意放慢语速或停顿,提醒观众注意。

(4)塑造主播人设

① 主播的人设定位。主播的人设是指主播结合观众喜好,按照市场需求与个人发展方向打造出来的形象。主播人设的维度如表 4-1 所示。

表 4-1 主播人设的维度

维度	说明	美妆主播的人设定位
我是谁	确定身份,例如发起人、创始人、传播者、联合创始人等; 确定形象,使形象统一,提高识别性; 直播间的名字要与主题呼应	我是一名美妆店店员,销售经验丰富,待人热情,个人形象落落大方,平时喜欢使用口红
面对谁	观众群体的地域、年龄、性格、偏好、收入状况、消费能力等	面对想改善气色、喜欢时尚的年轻女性观众
提供什么	突出自己的核心竞争力,例如质优价廉	提供美妆店内的招牌美妆产品,价格不高,是店内的畅销款
在什么平台	电商类,例如淘宝、京东、拼多多等; 短视频类,例如抖音、快手等; 线下类,例如供应链基地、实体店等	在美妆店内直播,推荐的美妆产品在各大电商平台上架销售,同时线下的美妆店也同步销售
解决什么问题	解决用户痛点,提供品质好货	满足年轻女性群体对美的追求

② 主播的标签。每个主播都有自己的标签,例如外貌、穿衣打扮、说话声音等,主播可以依据人设为自己设计形象。此外,主播的内在形象也很重要,正确的价值观、正能量的生活态度能给观众留下良好且深刻的印象。主播的标签维度如表 4-2 所示。

表 4-2 主播的标签维度

维度	说明	举例
外表	形象特征、穿衣风格	某主播总是穿一件橘黄色的上衣,穿衣风格是固定的,可以给观众一个联想记忆点
性格	语言风格、情绪状态	很多主播通过比较激烈的情绪抓住观众的眼球
兴趣	兴趣特长、特殊偏好	体育、音乐、影视等
职业	个人专业、工作行业	化妆师、房屋装修设计师、服装设计师等
语言	口头禅、语调、语速	视频开头或结尾的金句可以在观众心里增加语言记忆点
品类	商品偏好、商品价格	专注于美妆领域

③ 主播的着装设计。主播在选择服装时应做到主次分明，全身服装以三种颜色为佳，色彩搭配要有主次之分。

④ 打造主播账号。账号昵称要通俗易懂、突出人设、避免重复、充满个性。主播可将符合自身特点的人设标签体现在账号名称和直播标题中，如图 4-8 所示。账号头像要图像清晰、主体突出、与账号定位一致。账号简介要体现账号的定位，用一句话说明该账号的侧重方向。

图 4-8 主播账号（举例）

（5）准备直播商品

① 选品技巧。

- 商品与账号定位相关。
- 选择亲自使用过的商品。
- 按照粉丝需求选品。
- 选择高热度的商品。
- 选择高性价比、低客单价（<50 元）的商品。
- 根据粉丝使用的设备进行定价。
- 选择颜值高、轻便的商品。
- 选择复购率高的商品，例如快消品。
- 参考品牌与品质。

② 选品渠道。

- 分销平台。主播可通过淘宝联盟、京东联盟、苏宁易购、考拉、唯品会等电商平台分销商品，赚取分销佣金。

● 自营品牌。主播可以开通抖音小店或快手小店,销售自营品牌或当地土特产等商品。
● 蝉选小程序、米选小程序。主播可以关注蝉选小程序或米选小程序,如图4-9所示,通过平台选品,并一键转载至抖音的商品橱窗。

(6) 布置直播间

① 直播背景。直播背景对于直播来说非常重要,如果直播间脏乱不堪,直播效果就会深受影响。为了美化直播背景,主播可以通过背景布或背景墙纸为观众呈现一个干净、整洁的直播环境,提升观众对直播间及主播的第一印象。主播可以在淘宝App内搜索"直播背景布",选择合适的直播背景,如图4-10所示。

图4-9　蝉选小程序截图　　　　　　图4-10　"直播背景布"搜索结果

② 柔光灯箱。如果直播间的光线较暗,主播可以在室内放两个柔光灯箱来补光,这种灯箱的光线是白色的,不会溢光,也不会出现曝光,能打造一个良好的光线环境,衬托主播形象。

③ 顶灯照明。顶灯照明的主要作用是为直播间提供充足的光源,打造明亮的直播空间。

(7) 设计线上直播间

① 设计直播间标题。标题字数一般为5~15个字。一般来说,主播可以采用"两句式"写法来设计标题,标题的第一句话要讲清楚直播内容,第二句话则要加上一些吸引用户的内容。需要注意的是,标题和封面图上不能出现任何带有广告性质的词汇。

② 设计直播间封面图。常见的封面图设计方法有两种,一种是在美图秀秀App中查找竖版视频封面,如图4-11所示;另一种是在"稿定设计"小程序中查找竖版视频封面,如图4-12所示。

图 4-11　美图秀秀 App 中的竖版视频封面　　图 4-12　"稿定设计"小程序中的竖版视频封面

③ 准备背景音乐。建议主播在开播前加载音乐，加载成功的音乐会以列表的形式保存，直播时可直接播放。

④ 设置房管。直播前需要设置一位房管来维护直播间和粉丝群。

⑤ 设计直播画面构图。如果进行竖屏直播，建议直播画面的上面 1/4 留白，用于放置品牌标识或商品贴图；中间部分用于主播展示，约占屏幕的 1/2，主播的眼睛要看向镜头；下面的前景操作台占 1/4，用于放置商品，如图 4-13 所示。

主播距离镜头太远　　　　合理的直播画面构图

图 4-13　直播画面构图

（8）直播前进行预热导流

① 线下渠道的推广导流。线下实体店可以通过店内宣传、店外展板等方式进行预热导流。

② 线上渠道的推广导流。直播前，运营人员可以通过企业官网、电商平台（例如将直播预告发布在淘宝直播广场等）、内容平台（例如抖音、快手等）、社交平台（例如微信、微博等）、老带新、粉丝拼团等方式进行线上推广导流。线上预热渠道如表 4-3 所示。

表 4-3　线上预热渠道

预热渠道	预热时间安排	预热内容安排
微博	滚动直播； 每天提醒一次	介绍直播信息； 进行品牌和品类调研，提高粉丝参与度
微信	直播前 1～2 天开始预热	邀请微信好友观看直播
店铺	直播前 1～3 天开始预热	店铺横幅广告
抖音、快手	直播前 1～2 天开始预热	预告短视频
直播间	直播前 1～2 天开始预热	每天在直播间预热，告知用户直播时间
个人主页及昵称	直播前 1～3 天开始预热	在个人昵称、简介处添加直播预告

（9）设计直播脚本

一场好的直播离不开一个设计严谨的脚本。直播脚本就像电影的大纲一样，有头有尾，有开篇有高潮，可以让主播把控直播节奏，规范流程，达到预期目标。一般来说，直播脚本的内容包括直播主题、直播目标、直播人选、直播时间、注意事项、直播流程等，如表 4-4 所示。

表 4-4　直播脚本模板

_____直播脚本				
直播主题				
直播目标				
直播人选				
直播时间				
注意事项				
直播流程				
时间段	流程安排	人员分工		
		主播	副播	客服

扫描下方二维码可以查看整场直播脚本示例。

整场直播脚本示例

3. 直播带货话术

（1）五步销售法

五步销售法如图 4-14 所示。

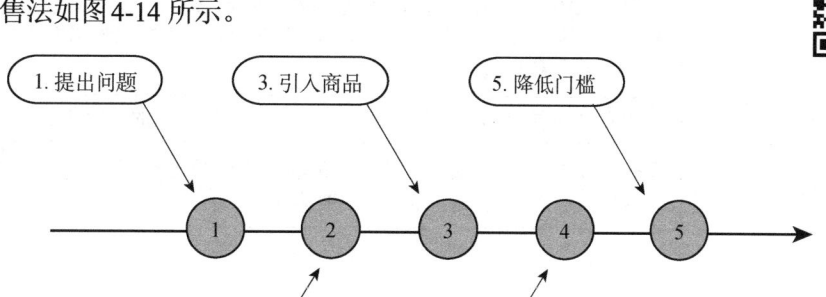

图 4-14　五步销售法

① 提出问题。结合消费场景，提出消费者的痛点、需求点，给观众一个购买商品的理由。例如，主播在推荐用于防晒的商品前，需要先做铺垫，分享自己的感受和困扰（话术引入：今天又是一个暴晒天啊，真羡慕那些皮肤怎么也晒不黑的宝宝们，我的皮肤一晒就黑，真是痛苦），一边聊天一边提出问题，并让这个问题在直播间活跃起来。

② 放大问题。注意全面和最大化，将上述问题尽可能地放大。

③ 引入商品。以解决问题为出发点，解决上述提出的问题。

④ 提升高度。详细地讲解商品，通过行业、品牌、原料、售后等方面增加商品附加值。

⑤ 降低门槛。讲解优惠信息、独家稀有资源等，使观众产生购买行为。

（2）FABE 法则

主播要将 FABE 法则运用到直播营销话术中，将原本单一的表述变得更加具体、明晰，有逻辑性和针对性。FABE 法则话术示例如表 4-5 所示。

表 4-5　FABE 法则话术示例

商品	一般话术	话术
冰丝内衣	这种内衣由冰丝制成	这种内衣由冰丝制成（属性），手感非常丝滑（优势），您在炎热的夏天穿上后会感觉格外凉爽（好处）。大家也可以到评论区看看其他观众的评论和留言，不是主播自己夸，是真的反馈特别好！（证据）

（3）ADP 交易模型

根据 ADP 交易模型可知，影响交易的三大因素是用户的态度（Attitude）、目标交易商品的获得难度（Distribution）、获得商品的代价（Price）。在直播营销中，以上三者分别对应观众对商品的喜好程度、获取商品的难易程度、获得商品需要付出的代价。ADP 交易模型话术示例如表 4-6 所示。

表 4-6　ADP 交易模型话术示例

ADP 交易模型分解因素	话术
态度	使用香水的女性用户非常希望拥有这款商品，如果男士购买这款香水送给女友或太太，这对双方的感情很有利，因为她们会认为自己的男友或先生真的很爱自己，会非常高兴！
获得难度	这款商品很稀缺，每年的产量只有 1 万瓶，能买到的人很少。
代价	商家争取到了 20 瓶香水，价格比市场零售价低 20%。这款香水有很多人喜欢，非常抢手。各位男士，你们要不要购买？

（4）SCQA 模型

S（Situation）指场景，即由大家都熟悉的情景和事实引入；C（Complication）指冲突，即实际情况往往和观众的要求有出入；Q（Question）指疑问，即应该怎么做；A（Answer）指回答，即解决方案是什么。SCQA 模型话术示例如表 4-7 所示。

表 4-7　SCQA 模型话术示例

SCQA 模型分解因素	话术
场景	在直播带货的风口下，各行各业的人都开始进入直播领域，越来越多的人在各个平台开展直播带货。
冲突	直播带货的人成千上万，但带货能力有高有低。有的主播连续直播两个月也没有多少人观看，观看量惨淡，而有的主播直播两小时就能收获千万元的销售额，可谓对比鲜明。
疑问	作为主播，带货能力差，用户转化率低，收入低，该怎么办？
回答	直播带货不能只靠直觉和经验，系统的学习也很重要。但如何学？跟谁学？学了是否有效果？这都是未知数。如果有一位直播带货高手写了相关的书，录制了网课，会不会有人看他的直播，买他的书和网课来学习呢？答案毋庸置疑。

（5）QPET 模型

QPET 模型包括 Q（Question），即提出一个问题；P（Point），即抛出一个观点；E（Example），即举出一个例子；T（Test），即引导进行测试。QPET 模型话术示例如表 4-8 所示。

表 4-8　QPET 模型话术示例

QPET 模型分解因素	话术
问题	有没有人想直播一晚上达到 100 万元的销售额？
观点	许多人都可以在一个晚上达到 100 万元的销售额，你信不信？
例子	XX 在学习了 XX 老师的课程后，用了课程中的方法，一个晚上的销售额为 278 万元。他连续做了 5 场直播，最不理想的一场直播也有 90 万元的销售额。
测试	如果不信，那就来做一个很简单的测试，简单体验一下，好不好？

4. 直播后的导流技巧

（1）直播后要做好用户数据分析和活动总结，及时跟进订单，提升用户满意度。

（2）直播后要做好粉丝维护，增加复购率。同时，口碑宣传还能引起新用户关注，拥有更多流量。

（3）后期可以对直播视频进行剪辑，包装成一个个短视频，并通过多种网络营销方法及渠道进行推广，吸引更多流量。

5. 直播复盘

（1）直播复盘三维度

① 结果维度。主播在复盘时必须把这场直播的时间段、时长、累积互动量、累积商品点击量、粉丝点击量占比、最长在线时长、粉丝平均停留时长、粉丝回访量、新增粉丝量、转粉率、场间掉粉量、订单数、转化率等数据清晰地总结、罗列出来。通过对这些数据进行分析，从中看到直播过程中的优势及存在的问题，并对问题进行剖析，查找问题出现的原因，进而解决问题。

② 策略维度。主播要判断直播思路的正误，分析直播策略的好坏，根据分析结果制订工作标准，明确哪些方法和策略应该推广，哪些要舍弃。

③ 团队维度。团队中的每个成员都要着眼于自己的本职工作做复盘，把自己的工作实施情况展示给其他成员，接受团队成员的评价，利用集体的智慧帮助自己查找问题和原因，得出结论。

（2）直播复盘四步走

① 回顾目标。直播团队在回顾目标时可从三个方面进行：回顾目标是否合理、回顾方案是否有效、对比预期与结果。

② 评估结果。一场直播的结果一般有以下几种：超预期完成并取得优秀成绩、顺利完成目标任务、在过程中添加了新事件、未完成且与目标存在较大差距等。评估结果一般从三方面进行：展示数据、发现亮点、找出不足。

③ 分析原因。分析原因一般从三方面进行：描述过程、自我分析、众人讨论。

④ 总结经验。直播团队在总结经验时要考虑开始做什么、停止做什么、继续做什么。

【任务实训】

请同学们对照表 4-9 所示的实训任务单，完成本次课的训练任务。

表 4-9 "直播营销"实训任务单

实训内容	项目四 扶商助农——"红孩儿草莓生态园"视频营销 任务 2 直播营销	分数	
实训对象		学时	
实训目的	1. 掌握直播营销的方法和策略 2. 能够进行直播营销		
教学设备及软件	个人计算机、Office 办公软件、手机等		
实训建议	个人计算机及手机均能连接互联网		

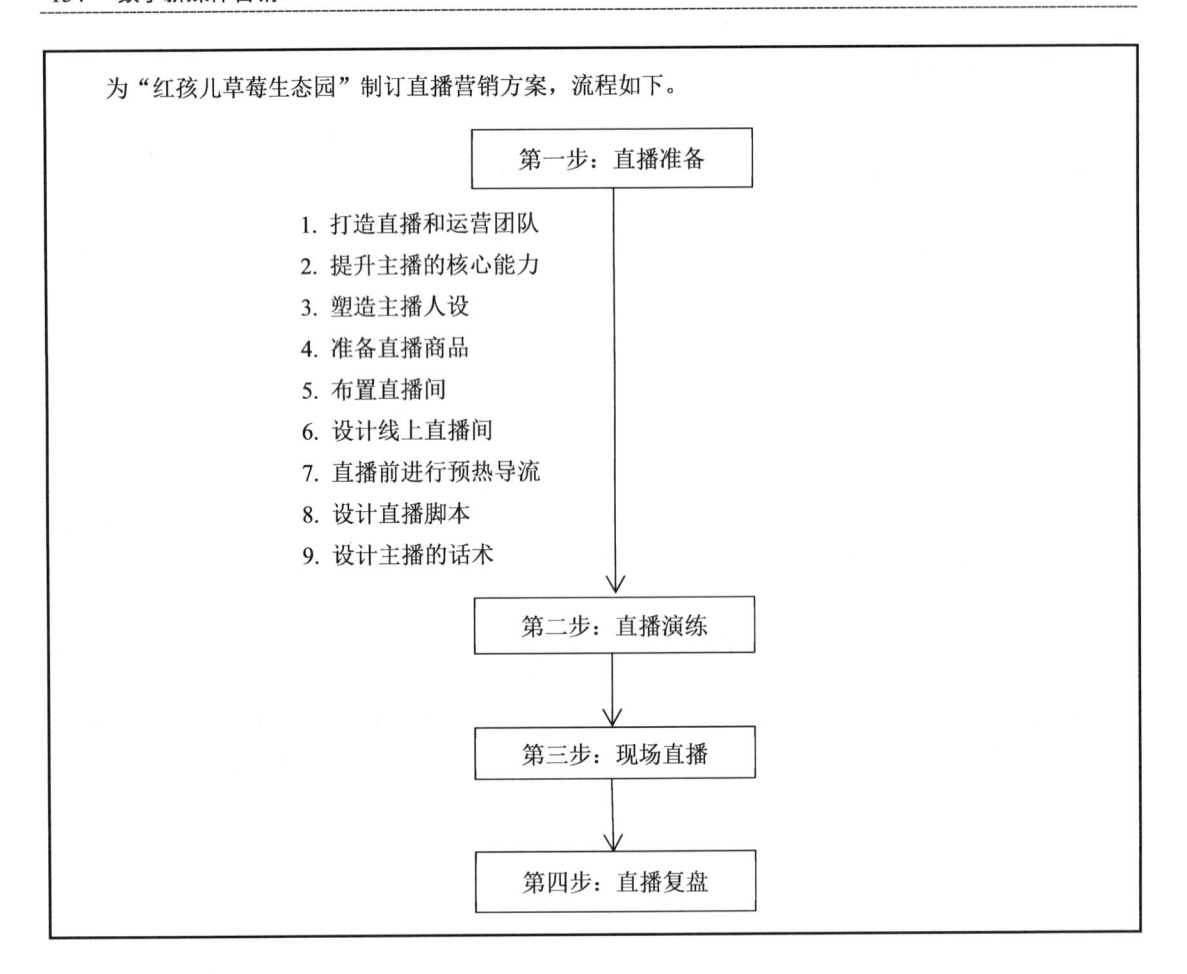

为"红孩儿草莓生态园"制订直播营销方案，流程如下。

```
第一步：直播准备
```

1. 打造直播和运营团队
2. 提升主播的核心能力
3. 塑造主播人设
4. 准备直播商品
5. 布置直播间
6. 设计线上直播间
7. 直播前进行预热导流
8. 设计直播脚本
9. 设计主播的话术

```
第二步：直播演练
        ↓
第三步：现场直播
        ↓
第四步：直播复盘
```

【知识拓展】

1. IP 与网红经济

IP 的全称是"Intellectual Property"，是指"知识产权"。广义的 IP 包括概念 IP、内容 IP、人物 IP 等，都具有知识产权属性。

"网红"和 IP 是不同的，"网红"更倾向于个人特色、颜值表演、新闻炒作等；而 IP 更加"垂直"，通常专注于一个领域的专业知识，持续地输出内容。

2. 直播带货的三大盈利模式

直播带货的三大盈利模式分别是商家合作模式、纯佣金模式、自有店铺带货模式，如图 4-15 所示。

3. 主播如何快速"涨粉"

（1）首次直播的冷启动

在直播初期，没有人气的主播可以采取以下方法来吸引第一批用户，完成首次直播的冷启动。

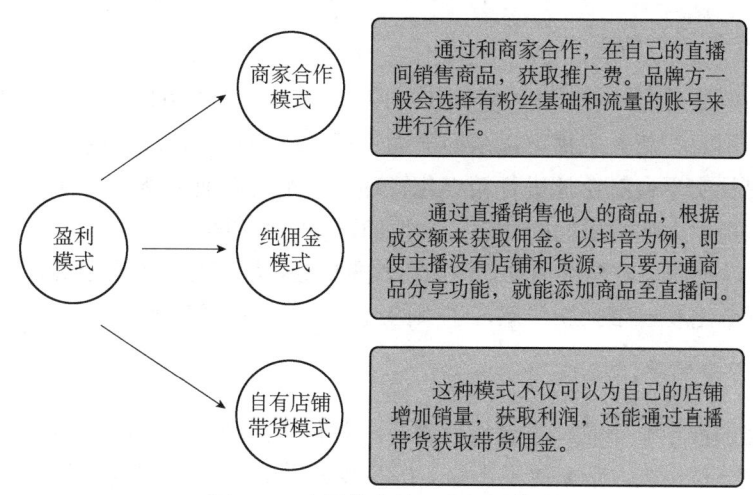

```
盈利        商家合作     通过和商家合作，在自己的直播
模式   →    模式         间销售商品，获取推广费。品牌方一
                        般会选择有粉丝基础和流量的账号来
                        进行合作。

            纯佣金       通过直播销售他人的商品，根据
       →    模式         成交额来获取佣金。以抖音为例，即
                        使主播没有店铺和货源，只要开通商
                        品分享功能，就能添加商品至直播间。

            自有店铺     这种模式不仅可以为自己的店铺
       →    带货模式     增加销量，获取利润，还能通过直播
                        带货获取带货佣金。
```

图4-15　直播带货的三大盈利模式

① 多渠道宣传。在直播之前，主播需要提前在微博、微信等社交平台进行宣传，吸引第一批观众。

② 设定奖励机制。在直播初期，主播可以适当给观众一些奖励，例如抽取幸运观众赠送礼物或抽奖。吸引到第一批粉丝后，就会产生固定的粉丝，主播要根据后台数据不断地更新直播方式及内容，也要依据自身情况灵活把握奖励机制。

③ 社群营销。主播要加入与自己业务相关的微信群和QQ群，或者自建高级群，保持群内活跃度，适当发一些广告，把群友发展为自己的粉丝。

（2）多样化的直播方式

网络直播之所以能在短期内迅速超越微博、微信等传播渠道实现快速"涨粉"，一个重要原因就是其呈现方式具有多样化、个性化的特点，能充分调动观众的听觉、视觉，大大强化了观众的体验性。常见的直播方式是娱乐幽默式直播、新闻式直播、表演式直播、自吹自擂式直播等。

（3）直播过程中要选择合适的话题

选择话题时要注意三点，一是选择与自己直播风格一致的话题；二是对不太懂的话题要预先做好功课；三是不要重复讲同一话题（例如热门新闻、影视作品、天气、网游、美食、旅行、工作、音乐等）。

（4）与观众互动

在直播过程中，主播要时时让观众感受到"存在感"和"参与感"，调动他们的主观能动性。

（5）独特的语言风格

主播必须打造适合自己的语言风格，例如"我的妈呀""Oh My God""这个颜色也太好看了吧"就是某位主播的个性化语言。主播有了独特的语言风格后，就拥有了清晰的辨识度以及病毒式的传播度，更容易被人喜欢、模仿和传播。

4. 建立账号矩阵

在布局直播账号时，主播要建立两个以上的直播账号，即建立账号矩阵，与更多观众建立关系，保持黏性。

5. 如何培养忠实的粉丝

拥有大量高质量粉丝，就意味着找到了一座"金矿"。新人主播该如何培养粉丝，并且充分发挥粉丝的作用呢？新人主播可以从四方面进行，一是打造社群、建立在线社区；二是通过微信、微博等社交平台对粉丝进行精细化管理；三是与其他主播进行有效互动；四是经常关注"网红"主播、大咖主播们的动态，与他们进行沟通和交流。

另外，还可以定期举办粉丝活动，例如粉丝见面会、歌友会、生日会等，调动粉丝的积极性。为了能够不断给粉丝带来新鲜感，主播的造型和直播形式也要多样化。

6. 直播过程中的导流小技巧

（1）在直播的前半个小时，主播可以进行一些预热活动，通过优惠活动来吸引观众，让观众把直播活动分享出去，带来更多观众。拼多多之所以成功，就是利用了用户裂变的原理。

（2）直播活动中要做好引导。直播最大的优点就是互动性强，主播可以提醒观众时刻关注直播间，利用红包、优惠券、抽奖、秒杀等活动增加他们的停留时长，这样既可以促进在线流量变现，又可以为二次导流做铺垫。

7. 在直播中完美呈现商品

（1）直播开始时给观众讲讲"小知识"

无论为哪种商品带货，主播都需要提前了解商品，并在直播时为观众普及商品知识。例如为"红孩儿草莓生态园"直播带货时，可以为观众讲解怎样辨别草莓好坏、草莓种植技术、如何进行蜜蜂授粉等知识，帮助观众了解商品并做出购买决定。

（2）让观众看到商品的优势

① 近景展示+远景展示。主播需要手持商品进行近景、远景展示，先展示商品的整体效果，再近距离展示商品的近景及特色，帮助观众充分了解商品信息。

② 给观众呈现商品细节。为了更详细地展示商品，主播必须呈现所有有利于销售的商品细节，给某些"死角"特写，让观众清晰地看见商品优势。

③ 及时查看观众提出的问题，回复和展现商品。如果观众不太满意主播呈现商品的角度和方式，会通过弹幕给主播发送请求，这时主播一定要按照观众的要求呈现商品。

④ 试用商品，给观众说说自身感受。

⑤ 分解商品。为了获得观众100%的信任，主播应充分发挥直播的直观优势，将商品进行拆解或分解，例如在销售草莓的过程中，可以把草莓切开展示，让观众看看草莓里面是否空心，打消观众的疑虑。

⑥ 发放优惠券。直播变现的方式有很多，给观看直播的观众发放优惠券是一种很直接的方法。主播可以通过直播链接发放优惠券，也可以在直播过程中发放优惠券或者抽奖送礼物。

【任务拓展】

请同学们对照表4-10所示的拓展训练任务单，完成本次拓展训练任务。

表4-10　"直播营销"拓展训练任务单

训练内容	项目四　扶商助农——"红孩儿草莓生态园"视频营销 任务2　直播营销	分数	
训练对象		学时	
训练目的	1. 掌握直播营销的方法和策略 2. 能够进行直播营销		
教学设备及软件	个人计算机、Office 办公软件、手机等		
训练建议	个人计算机及手机均能连接互联网		
为"红孩儿草莓生态园"制订直播营销方案，要求如下。 1. 完成复盘总结报告（Word 版本） 2. 针对复盘总结报告，制作复盘总结 PPT，并进行汇报			

【习题与反思】

1. 直播前有哪些方式能预热导流？
2. 主播如何快速"涨粉"？
3. 如何撰写直播脚本？
4. 在直播中讲解商品时应抓住哪些关键点？
5. 选择一款商品（例如饮料、T 恤、雪地靴等），提炼这款商品的卖点，设计讲解话术，然后模拟直播场景，讲解这款商品。

项目五 扶商助创——"Sunshine 母婴工作室"自媒体运营与推广

案例引入

"Sunshine 母婴工作室"创办于 2015 年,创始人 Sherry 是一位 80 后"宝妈",也是一位从业 10 年的高级母婴护理师。"Sunshine 母婴工作室"的经营与服务范围是月嫂服务、育婴服务、催乳服务、满月发汗、小儿推拿、钟点保洁、月子餐、宝妈营养调理、月嫂培训、育婴专业技能培训、带娃指导、优选电商(为 0~6 岁的宝宝提供绘本、玩具、日用品、家居用品、辅食等产品)等。

2020 年,"Sunshine 母婴工作室"创立自媒体账号矩阵,在抖音、百家号、企鹅号、头条号等平台进行自媒体布局。本项目主要学习百家号、企鹅号、头条号自媒体账号的运营与推广方式。

项目地图

项目五 扶商助创——"Sunshine 母婴工作室"自媒体运营与推广	
任务 1	百家号的运营与推广
任务 2	企鹅号的运营与推广
任务 3	头条号的运营与推广

任务1　百家号的运营与推广

【任务描述】

百家号是百度旗下的自媒体平台，是百度为创作者打造的集内容创作、内容发布、内容变现、粉丝管理于一体的内容平台，也是众多企业实现营销转化的新阵地。

通过本次任务，请同学们充分掌握百家号的运营与推广策略，以"Sunshine 母婴工作室"自媒体运营与推广项目为载体，运营百家号自媒体账号并进行推广。

【学习目标】

知识目标	1. 了解自媒体的相关理论 2. 掌握百家号的运营与推广策略（重难点）
能力目标	能够运营百家号自媒体账号并进行推广
素养目标	1. 具备新媒体敏感性、抗压能力等职业素养 2. 具备严谨、认真、细致的工作态度 3. 具备良好的沟通能力以及优秀的文字撰写能力 4. 具备"通过网络积极传递正能量"的职业操守 5. 能够发挥专业特长，积极投身社会实践，扶商助创，帮助更多创业公司或个人工作室进行自媒体账号运营，实现个人"小我"的社会"大价值"

【知识学习】

1. 自媒体的相关理论

国内流行的自媒体平台有很多，我们熟知的今日头条、百家号等都是流量较高的自媒体平台，如图 5-1 所示。

图 5-1　常见的自媒体平台

从狭义上讲，自媒体营销是指利用互联网技术，以微信、微博、网络电台、网络直播等新兴传播媒介为载体开展一系列的营销活动。

从广义上讲，自媒体营销泛指一切生产、共享、传播内容兼具私密性和公开性的营销方式，包括企业为推广产品或品牌发布的软文、图片、视频等。自媒体营销具有低门槛、传播快、可信度低等特点。

2. 百家号的图文作品创作策略

（1）设计标题

标题通常为 8~30 个字，且要包含关键词，能吸引人（留悬念、引起共鸣等），以提高文章点击率。设计标题时可以借鉴"爆款"标题的"ABC 法则"，即讲述事实+具有戏剧性的冲突（吸引眼球）+吸引人的地方（留下悬念，引导阅读）。

（2）文章正文写作经验

① 文章正文内容约为 1000 字。

② 图文并茂，一段长文字（或 1~2 段短文字）配一张图片。

③ 图片支持 JPG、JPEG、PNG 等格式，单张图片大小不超过 4MB。图片要清晰、符合文字内容，不能放违禁图片（否则会扣信用分）。

④ 在图片下方配上图片说明，图片说明最好包含关键词。

⑤ 全文至少有 3 张图片，并且每张图片都适合做封面，使用户浏览封面图片后乐于阅读。

⑥ 拒绝低质量图片（模糊、重复使用、无内容意义的图片），也不允许使用含有大面积水印、商标、二维码、第三方平台账号的图片。

（3）设置标签

通常要为图文作品设置 3 个标签。

（4）重视"垂直度"

文章或视频都要专注于垂直领域，以免混淆"百度 AI"对作品主题的判断，造成广告推荐不精准，进而影响收益。

（5）影响推荐量的因素

① 首次推荐。"百度 AI"根据文章本身的权重、关键词数量等进行推荐。

② 二次推荐。用户反馈越多，二次推荐量越大。

③ 三次及后期推荐。根据点击率、页面停留时间、完成率等进行推荐。另外，把一些"热词"放入文章或者视频中也能提高推荐量。

3. 图集发布及摄影技巧

（1）图集支持绝大部分图片格式，大小不超过 4MB；宽度大于等于 400px，高度大于等于 224px；宽高比为 0.5~2。

（2）鼓励上传主题鲜明、内容连贯的图片，例如新闻现场、生活百态、旅途见闻以及精心整理的照片、画集等。

（3）准确描述图片内容的标题和配文有助于实现更精准的分发。

（4）以文字为主的图片、统计图、GIF 图以及清晰度低的截图不宜通过图集发布，该类图集会被退回，并消耗当天的 1 篇发文限额。

（5）图集内的图片版权由作者提供。

4. 视频发布要求

（1）视频来源

① 从网络上下载视频，并进行剪辑，通过混剪以及去重编辑形成新的视频作品。

② 拍摄视频。

③ 给剪辑完的视频配上解说词也能形成新的视频作品，这种作品通常会被平台认定为原创作品。

（2）视频格式

本地视频支持 MP4、MOV、AVI、MPEG、FLV、RMVB 等格式，最大为 2GB，较大的视频需要进行压缩。

（3）上传视频

① 完善标题及写作标签。

② 完善视频简介（100 字左右），要围绕关键词及视频内容，原则是有趣、引人点击。

【任务实训】

请同学们对照表 5-1 所示的实训任务单，完成本次课的训练任务。

表 5-1 "百家号的运营与推广"实训任务单

实训内容	项目五　扶商助创——"Sunshine 母婴工作室"自媒体运营与推广 任务 1　百家号的运营与推广	分数	
实训对象		学时	
实训目的	1. 掌握百家号的运营与推广策略 2. 能够运营百家号自媒体账号并进行推广		
教学设备及软件	个人计算机、Office 办公软件、手机等		
实训建议	个人计算机及手机均能连接互联网		

为"Sunshine 母婴工作室"（或自选项目）完成百家号的运营与推广任务，实施步骤如下：

1. 注册账号。可使用已有百度账号注册并填写百家号信息（领域、百家号名称、百家号签名、百家号介绍等），如图 5-2 所示。

（1）领域。依据自己的喜好与特长选择某一个领域。

（2）百家号名称。名称要符合自己的领域且容易记忆，例如"美妈聊育儿"。

（3）百家号签名。签名是对百家号账号的定位说明，通常为 10～20 个字，会展示在个人主页中。通过签名可以让浏览者知道百家号账号的作用、推送内容、服务内容等。

（4）百家号介绍。介绍通常为 10～200 个字，是对百家号签名的扩展，也是对百家号作者及账号的进一步介绍。

（5）头像。创作者应精心设计头像，上传与领域相关的头像。

2. 登录百家号账号，完成以下设置。

（1）打开"图片带水印"功能。

（2）打开"访问网盘图片功能"功能。

（3）打开"图片保存到素材库"功能。

（4）打开视频的"挂载角标广告"功能。

图5-2 填写百家号信息

(5) 打开视频的"自动植入广告"功能。
(6) 允许将内容同步到微信公众号和头条号。
3. 熟悉百家号平台,熟练掌握以下项目的操作方式及操作效果。
(1) 内容管理:查看数据、撤回重发等。
(2) 评论管理。
(3) 粉丝管理:与粉丝互粉,维护粉丝。
(4) 素材管理。
(5) 内容分析。
(6) 粉丝分析。
(7) 查看并分析百家号指数。
4. 创作作品,完成以下要求。
(1) 发布1篇图文作品。
(2) 发布1条百度动态。
(3) 发布1条视频作品。
(4) 将作品分享到微信朋友圈,以达到提高转发量、评论量、点赞量的目的。
5. 按照以下步骤进行粉丝维护与数据分析。
(1) 进行评论管理,及时回复网友评论。"评论管理"功能的位置如图5-3所示。

图5-3 "评论管理"功能的位置

（2）单击作品下方的"详细数据"按钮进行数据分析，如图5-4所示。

图5-4 作品下方的"详细数据"按钮

（3）通过数据分析可查看基础数据、阅读用户画像、评论分析，如图5-5所示。

图5-5 数据分析

（4）复盘总结。对作品进行复盘，形成文字总结。

【知识拓展】

1. 百家号的内容发布规范

百家号平台禁止发布含以下内容的作品。
（1）内容低质。
（2）标点错误、掉字、掉段、多字、错别字、病句、乱码等。
（3）抄袭或变相抄袭。
（4）色情淫秽类文字、图片。
（5）血腥暴力的文字、图片。
（6）违法国家法律法规。
（7）夸大、虚构、编造、刻意歪曲的信息。
（8）涉嫌封建迷信。
（9）硬广告。
（10）软文广告。

2. H5营销

通常所讲的H5是指在页面上呈现文字、图片、视频的广告，将营销内容直观展现给用户。

H5 营销有传播性强、互动性强、效果可追踪等优势。H5 的营销工具操作简单、功能齐全，例如易企秀等。

【任务拓展】

请同学们对照表 5-2 所示的拓展训练任务单，完成本次拓展训练任务。

表 5-2 "百家号的运营与推广"拓展训练任务单

训练内容	项目五 扶商助创——"Sunshine 母婴工作室"自媒体运营与推广 任务 1 百家号的运营与推广	分数	
训练对象		学时	
训练目的	1. 掌握百家号的运营与推广策略 2. 能够运营百家号自媒体账号并进行推广		
教学设备及软件	个人计算机、Office 办公软件、手机等		
训练建议	个人计算机及手机均能连接互联网		
请在【任务实训】的基础上，为"Sunshine 母婴工作室"完成百家号的运营与推广任务，步骤如下： 1. 发布 1 篇图文作品（要求坚持在垂直领域内进行创作）。 2. 发布 1 条百度动态，通过分享等操作提高曝光率及各项互动指标。 3. 发布 1 条视频作品。 4. 进行数据分析。 5. 查看基础数据、阅读用户画像、评论分析。 6. 进行复盘总结，形成文字总结（复盘作品质量和账号运营经验等）。			

【习题与反思】

1. 什么是百家号指数？如何提高百家号指数？
2. 百家号账号违规的处罚规则有哪些？
3. 百家号账号如何快速度过新手期？

任务 2　企鹅号的运营与推广

【任务描述】

企鹅号是腾讯旗下的一站式内容创作运营平台，致力于帮助媒体、自媒体、企业、机构获得更多关注，扶植优质内容生产者做大做强，持续扩大品牌影响力和商业变现能力。

通过本次任务，请同学们充分掌握企鹅号的运营策略，以"Sunshine 母婴工作室"自媒体运营与推广项目为载体，完成企鹅号自媒体账号的运营与推广。

【学习目标】

知识目标	掌握企鹅号的运营与推广策略（重难点）
能力目标	能够完成企鹅号自媒体账号的运营与推广
素养目标	1. 具备新媒体敏感性、抗压能力等职业素养 2. 具备严谨、认真、细致的工作态度 3. 具备良好的沟通能力以及优秀的文字撰写能力 4. 具备工作责任心以及耐心 5. 具备"通过网络积极传递正能量"的职业操守 6. 能够发挥专业特长，积极投身社会实践，扶商助创，帮助更多创业公司或个人工作室进行自媒体账号运营，实现个人"小我"的社会"大价值"

【知识学习】

1. 注册企鹅号

企鹅号平台发出的内容可以通过 QQ 浏览器、腾讯新闻等进行一键分发，让内容获得更精准的曝光。

与其他平台相比，企鹅号的创作门槛较低，更容易度过新手期，也更容易获得收益。创作者可以通过三种渠道注册账号，分别为 PC 端、企鹅号 App、微信公众号。

（1）PC 端注册

① 在腾讯内容开放平台首页单击"注册账号"。

② 选择注册方式。可通过 QQ 注册或微信注册的方式开通企鹅号。

③ 选择账号主体类型。账号主体有个人、媒体、企业、政府、其他组织五种形式，账号运营者需要填写并提交申请资料。一个身份证号码最多可注册 1 个个人类企鹅号，个人账号审核通过后需要在 PC 端进行实名认证。

④ 填写企鹅号信息。企鹅号的基础信息包括企鹅号名称、简介、头像、所在地等。企鹅号的名称、简介、头像等要围绕账号定位，立足于垂直领域。

⑤ 填写运营者信息。按注册流程填写相关信息之后，要等待平台的审核通知。如果未能注册成功，按平台提示查找失败原因，整改后重新提交即可。

（2）企鹅号 App 注册

在各大应用商店均可下载并安装企鹅号 App，注册流程与 PC 端大致相同，这里不再赘述。

（3）微信公众号注册

关注"腾讯内容开放平台"微信公众号，点击右下角的"账号信息"，按流程注册即可，如图 5-6 所示。

图 5-6　通过微信公众号注册企鹅号账号

2. 企鹅号的创作要点

创作者可以参考以下几点创作图文作品。

（1）尽量选择高热度的话题，以获得更多的平台推荐。

（2）打造高吸引力标题。

（3）创作优质内容。创作者要多看、多写，持续输出优质内容。每天至少发布一篇原创内容，一般为 800～1000 字。

（4）尽量分享"干货"。必须分享一些有价值的内容，才会有更多人转发、分享或者关注。

（5）给作品配图。作品中的图片一定要吸引眼球，这样可以为作品提高点击率和打开率。

（6）坚持作品的垂直度。要坚持在垂直领域内创作作品，这样粉丝群体才会更精准，账号权重以及粉丝数才会越来越多、越来越理想。

（7）在作品中适当设置兴趣点。要引导读者在作品中停留，就需要通过小标题或伏笔设置若干兴趣点，引发读者的兴趣。

（8）首发。企鹅号比较注重作品的首发性，也就是说要把作品首先发布在企鹅号平台上。

（9）注意时效性。这里提出两个重点："观点"和"快速"，抓住这两个特点的作品一般会有较高的转发量。

（10）发文时间。新手创作者要在推荐量较大的时间段内发文。

3. 企鹅号的盈利方式

（1）广告费分成。发布作品时，企鹅号平台会自动在作品所在页面中放入广告，并根据阅读量来决定广告费分成，这是90%的自媒体人通过自媒体赚取收益的方法（不局限于企鹅号平台）。所以，创作者要尽量创作出优质的作品，被平台推荐给更多用户，这样有利于账号权重的提升以及粉丝的积累。账号权重越高、粉丝数越多，作品越容易被平台推荐。图5-7中的图文作品下方展示了连衣裙广告，因此创作者"微风细雨好"理应获得连衣裙商家的广告费分成。

图5-7 图文作品下方的广告

（2）粉丝经济。粉丝经济是指在企鹅号平台吸引流量，通过打赏或者自建商城、淘宝店铺、微商等方式向粉丝销售商品，进行粉丝变现。

（3）品牌植入。品牌植入也是一种广告。很多视频里都有品牌植入和软性广告，目的就是让用户产生直观印象。

（4）销售商品。这里所说的销售商品不是发广告帮别人销售商品，而是打造个人IP，运营自己的系列商品。因此，要成为关键意见领袖，在专业领域内具有号召力，才能具备高转化率。

（5）赞赏收益。只要开通了"原创标签"或"图文直播"功能，就可以申请开通"赞赏"功能，这一功能在后台的"设置"—"账号功能"栏目中可以找到。开通后要想办法吸引粉丝流量，提升内容质量。

（6）原创补贴。原创内容的收益是翻倍的，只要文章加上了原创标签且通过系统审核，就能获得翻倍收益（目前的申请条件是：入驻企鹅号满 30 天；超过 20 篇文章被系统推荐；每篇文章的原创度为 70%以上；没有违规记录）。

【任务实训】

请同学们对照表 5-3 所示的实训任务单，完成本次课的训练任务。

表 5-3 "企鹅号的运营与推广"实训任务单

实训内容	项目五　扶商助创——"Sunshine 母婴工作室"自媒体运营与推广 任务 2　企鹅号的运营与推广	分数	
实训对象		学时	
实训目的	1. 掌握企鹅号的运营与推广策略 2. 能够运营企鹅号自媒体账号并进行推广		
教学设备及软件	个人计算机、Office 办公软件、手机等		
实训建议	个人计算机及手机均能连接互联网		

为"Sunshine 母婴工作室"完成企鹅号的运营与推广任务，步骤如下。
1. 在 PC 端注册账号（可使用已有 QQ 号或微信号注册）并填写资料（领域、企鹅号名称、企鹅号签名、企鹅号介绍、头像等）。
2. 登录账号，进行账号设置。
（1）进行账号详情设置。
（2）进行多平台账号管理设置，如图 5-8 所示。

图 5-8　多平台账号管理设置

（3）进行登录设置，设置登录 QQ 和登录微信，如图 5-9 所示。按照目前的规定，登录 QQ 与登录微信每个月只能修改（换绑）一次。
（4）进行功能设置。建议开通图片水印功能，这样图文作品中的图片都能带上创作者名称，有助于保护版权。
（5）进行运营者管理设置。运营者可用此账号创作内容、管理内容、查看数据、查看收益等。

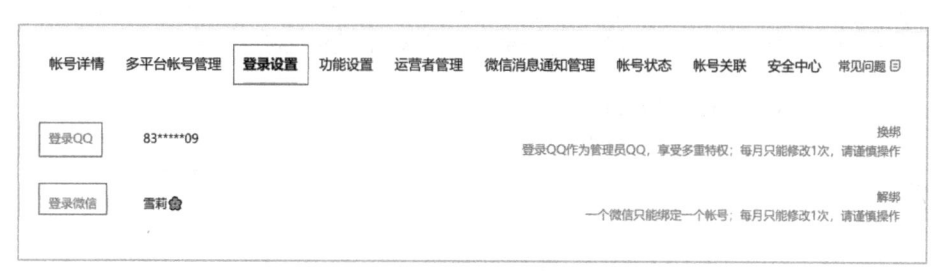

图 5-9　登录设置

（6）进行微信消息通知管理设置。微信消息接收人可通过"腾讯内容开放平台"服务号接收此账号的维权、发文、结算等消息通知。

（7）查看账号状态，如图 5-10 所示。

图 5-10　查看账号状态

（8）进行账号关联设置。创作者可以通过"账号关联"将企鹅号关联到微信公众号、百家号、头条号、抖音、微博、快手等平台。

（9）进行安全中心设置。通过"安全中心"可以查看登录记录、敏感操作等，如图 5-11 所示。

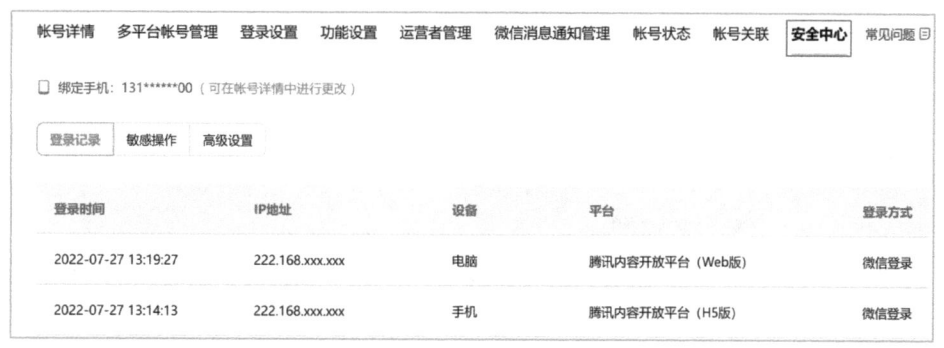

图 5-11　安全中心

3. 熟悉企鹅号平台，熟练掌握以下项目的操作方式以及操作效果。
（1）内容发布、内容同步、内容管理、查看数据、撤回重发等。
（2）评论管理。
（3）粉丝管理（与粉丝互粉，维护粉丝）。
（4）素材管理。
（5）权益管理。

企鹅号十分注重原创，开通原创标签的账号不仅能享受一键维权、全网监测功能，还能获得平台给予的流量收益以及相应的补贴。企鹅号有两种原创形式，即图文原创和视频原创，如图 5-12 所示。两者权限不互通，开通条件也不同（开通图文原创要求 30 天内已发布的图文内容大于 10 篇，开通视频原创要求 30 天内已发布 3 篇以上视频，其余条件相同），企业可以根据自己的情况进行选择。

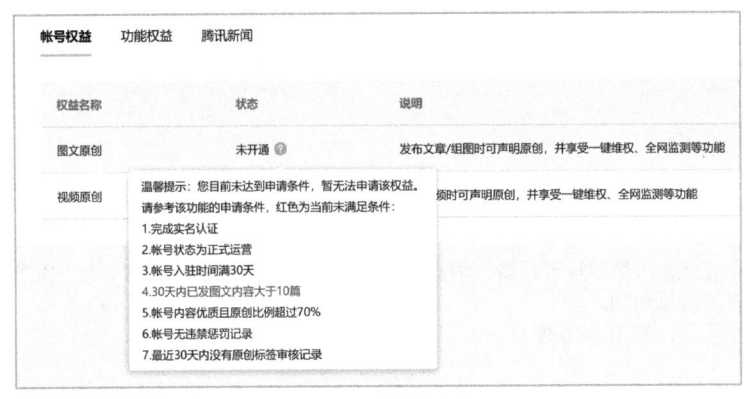

图 5-12　原创形式

（6）数据总览。
（7）收益分析。
（8）通过 QQ 浏览器、腾讯视频、腾讯新闻、腾讯体育、腾讯微视、创作课堂等进行企鹅号管理。
4. 创作作品，完成以下步骤。
（1）发布 1 篇图文作品，准确设置分类、标签，并关联热点事件，如图 5-13 所示。

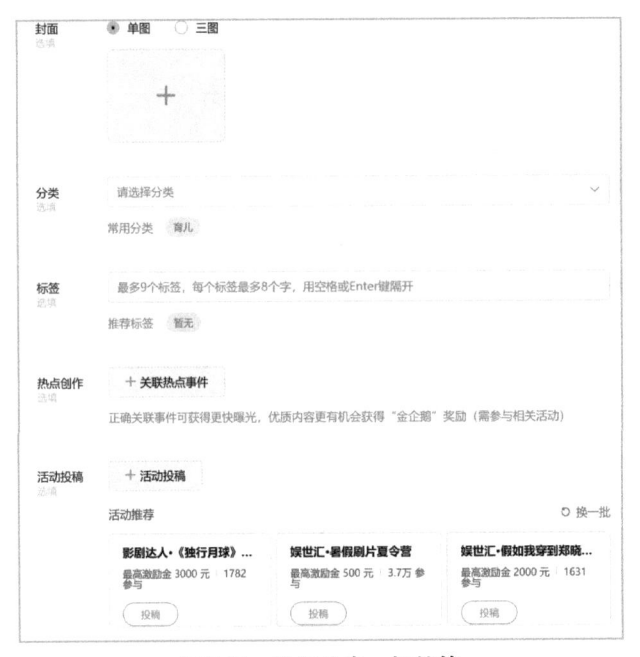

图 5-13　设置分类、标签等

（2）发布 1 个视频作品。
5. 粉丝维护与数据分析。
（1）进行评论管理，及时回复网友的评论。创作者应实时关注网友评论并积极响应，也可以借助微信朋友圈等渠道推广作品，积极在评论区互动，提高活跃度。
（2）查看基础数据，进行评论分析。
（3）复盘总结。

【知识拓展】

1. 企鹅号的原创标签

（1）图文原创标签

想快速申请图文原创标签，必须要保证文章内容优质且原创度高，原创度尽可能超过80%。

平台鼓励图文搭配，用手机预览时要保证每屏内都有文字和图片，这样会让文章看起来更加条理清晰，进而提高推荐量。

如果想快速开通原创功能，必须要坚持更新，要保证一天至少更新一篇原创内容。

（2）视频原创标签

图文+视频是内容平台的主流配置，并且明显的趋势是内容推荐量逐渐向短视频作品倾斜。下面介绍快速升级以及申请视频原创标签的方法。

如果批量拍摄和制作原创视频较为吃力，则可以进行适当的搬运。需要注意的是，一定要去除原视频中的水印，并对视频进行二次加工，将原视频中一些不重要的画面删除，去除原视频中的字幕、配音，重写解说稿并重新配音，进行二次创作。

满足基本要求后即可申请视频原创标签，企鹅号平台将在5个工作日内审核并确认。如果未获得视频原创标签，可以在30天后再次申请。

2. 二维码营销

二维码营销是指将二维码放置在其他载体上进行信息传播，具有小巧、易读、方便、信息容量大等特点，应用场景非常广阔。

（1）二维码业务的类型

① 主读类业务。主读类业务是指用户使用手机拍摄并识别物体上印刷的二维码，获取二维码存储的内容并触发相关应用，主要有以下应用场景。

● 在二维码营销应用中，用户通过客户端识别二维码后可获得验码系统中事先生成的票据或产品信息。通过将这些信息和实物进行比对，用户可核实实物的真伪。

● 企业在印制纸质名片时，将包含姓名、联系方式、地址等信息的二维码印在名片上。收到名片的用户使用手机识别名片上的二维码，即可将二维码包含的信息存入手机通讯录中。

● 用户使用手机扫描商品包装上的二维码，即可得知该商品的正品安全信息，从而实现商品溯源。

● 商户将二维码印制在杂志、报刊、户外广告上，用户通过自己手机中安装的软件扫描，即可快速访问商户的网站。

② 被读类业务。被读类业务是指当二维码存在于用户手机上时，用户持手机到应用现场，通过二维码识别机器进行内容识别，主要有以下应用场景。

● 二维码支付功能让手机在线支付成为可能。

● 团购网站在销售环节中引入二维码作为购买凭证。消费者在线付款后，向消费者发送二维码购物凭证，消费者可直接凭借该二维码到商家消费。

● 企业为自身会员发放二维码会员凭证，会员凭借二维码即可在特定场所享受会员服务。

- 企业将积分兑换的奖品以二维码电子凭证的方式发送给会员，会员通过二维码到指定地点兑换奖品。
- 电视节目让网络用户扫描二维码进行投票，吸引用户的注意力。

（2）二维码制作工具

二维码制作工具有很多，例如草料二维码生成器、连图二维码、微微在线二维码生成器、视觉码等，这些工具的功能基本类似。下面以草料二维码生成器为例，讲解制作二维码的流程。

① 在搜索引擎中输入"草料二维码生成器"，找到并进入"草料二维码"主页。

② 选择二维码存储内容的类型，例如文本、网址、文件、图片、音频、视频、名片等。

③ 单击"生成二维码"按钮，获取二维码。需要注意的是，在生成二维码之前可以选择二维码类型，包括静态码（一旦生成，其对应的内容就无法修改）和活码（生成后可以随时更改）。

④ 生成二维码后，可以对二维码进行美化处理，例如调整颜色、添加 Logo 等。

⑤ 二维码制作完成后，单击"下载"按钮进行保存。

（3）二维码营销技巧

① 制作带图形的二维码，如图 5-14 所示。

图 5-14　带图形的二维码

② 制作有创意的彩色二维码，如图 5-15 所示。

图 5-15　彩色二维码

③ 制作品牌植入二维码，如图 5-16 所示。

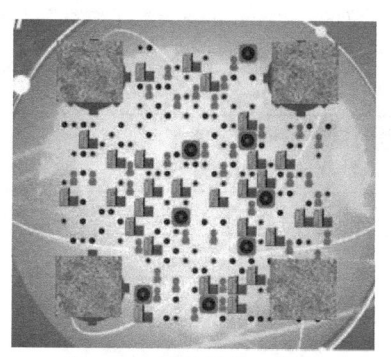

图 5-16　品牌植入二维码

④ 制作结合产品的二维码。让产品信息与二维码外观相结合，在二维码中加入其他元素，使二维码具有突出活动主题、扩大活动影响力的作用，如图 5-17 所示。

图 5-17　结合产品的二维码

⑤ 制作创造惊喜的二维码。可以利用二维码的形式给用户发红包，创造惊喜。

⑥ 制作趣味性的二维码。动态二维码的趣味性强，深受广大网友欢迎，请扫描右侧二维码查看动态二维码的实际效果。

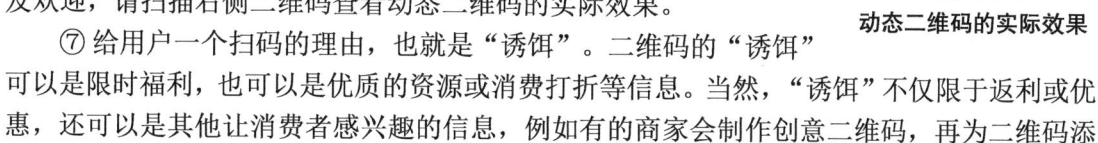

动态二维码的实际效果

⑦ 给用户一个扫码的理由，也就是"诱饵"。二维码的"诱饵"可以是限时福利，也可以是优质的资源或消费打折等信息。当然，"诱饵"不仅限于返利或优惠，还可以是其他让消费者感兴趣的信息，例如有的商家会制作创意二维码，再为二维码添上一句有趣的文案，搭配有吸引力的图片来激发用户的好奇心，从而让用户愿意扫码。

同学们可以通过百度图片搜索"创意二维码"查看更多有趣的二维码，启发自己的二维码创意设计灵感。

【任务拓展】

请同学们对照表 5-4 所示的拓展训练任务单，完成本次拓展训练任务。

表5-4　"企鹅号的运营与推广"拓展训练任务单

训练内容	项目五　扶商助创——"Sunshine 母婴工作室"自媒体运营与推广 任务2　企鹅号的运营与推广	分数	
训练对象		学时	
训练目的	1. 掌握企鹅号的运营与推广策略 2. 能够运营企鹅号自媒体账号并进行推广		
教学设备及软件	个人计算机、Office 办公软件、手机等		
训练建议	个人计算机及手机均能连接互联网		

为"Sunshine 母婴工作室"完成企鹅号的运营与推广任务，步骤如下。
1. 通过内容管理，发布1篇图文作品。
2. 发布1条视频作品。
3. 将作品分享到微信朋友圈，以达到提高转发量、评论量、点赞量的目的。
4. 进行评论管理，及时回复网友评论。
5. 通过数据分析查看基础数据，进行评论分析。
6. 进行简单的复盘总结，形成文字报告。
7. 对比百家号和企鹅号，总结运营经营。

【习题与反思】

1. 企鹅号如何提现？
2. 企鹅号的违规处罚规则有哪些？
3. 企鹅号有没有新手期？如何快速度过新手期？

任务3　头条号的运营与推广

【任务描述】

头条号是今日头条推出的内容创作与分发平台，致力于帮助企业、机构、媒体在移动端获得更多曝光量，在移动互联网时代持续扩大影响力，实现品牌传播和内容变现。

通过本次任务，请同学们充分掌握头条号的运营与推广策略，以"Sunshine母婴工作室"自媒体运营与推广项目为载体，完成头条号账号的运营与推广。

【学习目标】

知识目标	掌握头条号的运营与推广策略（重难点）
能力目标	完成头条号自媒体账号的运营与推广
素养目标	1. 具备新媒体敏感性、抗压能力等职业素养 2. 具备严谨、认真、细致的工作态度 3. 具备良好的沟通能力以及优秀的文字撰写能力 4. 具备工作责任心以及耐心 5. 具备"通过网络积极传递正能量"的职业操守 6. 能够发挥专业特长，积极投身社会实践，扶商助创，帮助更多创业公司或个人工作室进行自媒体账号运营，实现个人"小我"的社会"大价值"

【知识学习】

1. 头条号的入驻和发布要求

符合要求的国家机构、媒体、自媒体均可入驻头条号。个人主体注册头条号的数量上限为1个，企业主体注册头条号的数量上限为2个。

头条号的文章、微头条、问答、视频等创作内容每天都有上限要求，文章、视频、问答的上限为5篇/天，微头条为10篇/天，且单日总发文量不能超过50篇。

2. 头条号的运营策略

（1）精准定位

只有结合自身喜好及优势选择创作领域，才能做到深耕垂直领域，持续输出优质内容。创作者在选择创作领域时，应尽量避开情感、娱乐、三农等热门领域。

（2）头条号指数的五个纬度

虽然头条号指数已下线，但是健康度、关注度、传播度、垂直度、原创度依然影响着头条号平台的判断。

① 健康度源自系统对读者阅读行为的分析，读者的点击、停留、点赞、评论、收藏等行为都会为账号加分。

② 关注度主要取决于粉丝的数量和质量，是对粉丝量和粉丝忠诚度的考量。因此，创作者要持续输出优质作品，也要积极回复网友评论（尤其是对优质评论进行有意义的回复）。另外，创作者可以通过定期组织抽奖等活动进行拉新尝试，发展新粉丝。

③ 累计阅读量和累计播放量决定了账号的传播度。稳定的更新频率有助于得到较高的累计阅读量和累计播放量；内容越优质，传播度也会越高。坚持更新对维持垂直度有重要作用，非原创内容要坚持日更1篇，原创内容要坚持周更2~3篇，视频内容要坚持周更1篇。

④ 尽量不要跨领域发布作品。如果跨领域发布作品，则系统会根据读者的阅读行为（阅读量、播放量、评论量、点赞量等）选出最受欢迎的内容，从而判断出作者的擅长领域。

⑤ 尽量保证作品为原创且在头条号首发。如果作品先在其他平台发表，则系统在进行全网比对时，也能判断出这是同一作者的一稿多投，会降低原创度评分。

【任务实训】

请同学们对照表5-5所示的实训任务单，完成本次课的训练任务。

表5-5 "头条号的运营与推广"实训任务单

实训内容	项目五 扶商助创——"Sunshine 母婴工作室"自媒体运营与推广 任务3 头条号的运营与推广	分数	
实训对象		学时	
实训目的	1. 掌握头条号的运营与推广策略 2. 能够运营头条号自媒体账号并进行推广		
教学设备及软件	个人计算机、Office 办公软件、手机等		
实训建议	个人计算机及手机均能连接互联网		
为"Sunshine 母婴工作室"完成头条号的运营与推广任务，步骤如下。 1. 进行头条号的注册、登录与设置。可以使用手机号码、抖音账号、QQ账号、微信账号进行登录，也可以通过今日头条 App 进行扫码登录，如图5-18所示。 2. 熟悉头条号界面及功能。 （1）熟悉左侧功能菜单。 （2）熟悉界面内其他功能，例如粉丝数、总阅读（播放）量、累计收益、消息、公告、创作灵感、推荐课程等。 3. 进行账号设置，单击个人头像，选择"设置"，完成以下设置项目。 （1）用户名。用户名要符合自己的领域，易记忆，例如"萌娃爱美妈"。 （2）用户简介。简单明了地概括账号的定位，要求内容完整、通顺、无特殊符号，不允许添加任何联系方式（例如微博账号、手机号码、QQ账号等）。 （3）用户头像。用户头像要符合创作领域，使用与领域相关的头像有助于建立个人品牌，要求清晰、健康、代表品牌形象。例如，用户名为"萌娃爱美妈"的账号属于育儿领域，可以设计相关的 Logo 作为头像，如图5-19所示。			

图5-18 头条号登录界面

图5-19 设计用户头像

（4）头条号类型。建议选择"个人"，选择后不可更改。
（5）安全中心。依次设置"绑定手机"→"设置复杂的登录密码"→"可信校验设置"→"查看账号操作记录"。
（6）完成以下功能设置。
① 图片优化：优化不清晰的图片。
② 图片水印：为作品配图时自动添加水印。
③ 内容隐私设置：将草稿保存至云端。
④ 其他设置：酌情设置并修改自定义菜单。
（7）了解"黑名单"功能。
2. 按照以下步骤发布1篇作品。
（1）输入2~30字的标题。
（2）输入正文，正文写法与百家号、企鹅号的图文写作策略相近（可参考）。
（3）设置标签。多个标签有助于获得更多推荐流量，可设置5个不同的标签。
（4）展示封面。封面图片需要符合平台规范，力求选择吸引人的图片，以提高作品打开率。
（5）声明原创。
（6）酌情设置"添加至合集"功能。
（7）开通"发文特权—赞赏"功能，允许粉丝进行"赞赏"。
（8）通过预览功能查看手机预览效果，如果不想立即发布作品，可以设置"定时发布"，或者预览后再进行发布。
3. 发布视频，操作界面如图5-20所示。
头条号视频的推荐尺寸为16:9、18:9、21:9，推荐分辨率为大于等于1920px×1080px。通过"在线视频剪辑"功能，创作者不需要下载软件，可以直接在云端渲染并一键发布。

图 5-20　发布视频的操作界面

4. 发布微头条。

微头条的创作难度稍低，但受众较多，因此创作者要充分利用微头条功能，定时、定量发布微头条。在发布微头条的过程中，可插入图片、表情、话题、投票并进行文档导入，如图 5-21 所示。

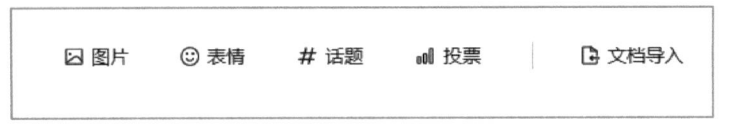

图 5-21　发布微头条

5. 发布问答。

（1）初次发布问答时，需要添加擅长的领域，如图 5-22 所示。

图 5-22　发布问答

（2）如果"热点""最新""邀请我答""收藏"里的提问与头条号领域相关，也可以进行回答。

（3）寻找收藏次数较多（证明关注该问题的人较多）的问题来回答。根据经验来看，越是稀奇古怪的问题，对其感兴趣的人越多，平台推荐量越大。

（4）回答时要注意字数要求，建议为 1000 字以上。回答内容要有自己的独特见解，能够给人启发。要带着感情去回答问题，最好能够充满故事性，吸引读者阅读。一般来说，读者停留的时间越长，平台会认为答案越好，问答收益就越高。

6. 发布音频。
(1) 输入 5~15 字的专辑名称。
(2) 输入 5~200 字的专辑详情。
(3) 添加专辑封面，图片尺寸为 150px×150px，大小不超过 2MB，格式为 JPEG 或 PNG。
(4) 选择专辑分类。
(5) 设置预计更新章节。

受音频表现形式以及平台推荐等多种因素的影响，头条号创作者在实际创作过程中并不热衷于进行音频创作，因此在本次实训过程中，该任务设置为分层训练内容，其他任务完成较好的同学，可选择完成"发布音频"任务。

7. 通过头条号后台首页的"管理"及"数据"模块进行作品管理和评论管理，并查看收益数据、作品数据、粉丝数据，如图 5-23 所示。

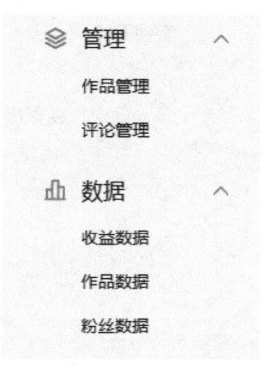

图 5-23　"管理"及"数据"模块

8. 熟悉"成长指南"及"工具"模块，如图 5-24 所示。

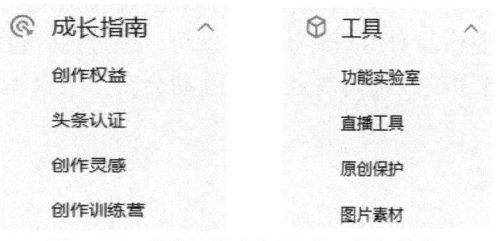

图 5-24　"成长指南"及"工具"模块

9. 复盘总结。及时进行复盘总结，形成一份简明扼要、条理清晰的总结报告。

【知识拓展】

1. 头条号的盈利模式

(1) 广告收入。头条号的作品下方有一个广告位，创作者可以获得广告收入，创作者的广告收入与作品阅读量成正比。需要注意的是，粉丝阅读产生的广告收入是普通用户的 3~50 倍，因此增加粉丝量至关重要。

(2) 自营广告。头条号广告和自营广告只能选择一个。头条号广告会自动与系统匹配，并可分享广告收入。

(3) 平台补贴。头条号平台非常重视杰出的创作者，相继推出了"千人万元计划""礼遇计划""千万粉末计划""青云计划"等，优质作品可以获取平台补贴。

(4) 活动奖励。头条号经常举行各种活动，获奖者会获得相应的奖金或礼物。

(5) 品牌合作。账号运营良好时，广告客户会主动找到创作者。广告形式可以是文字或口播，或者将产品作为道具插入作品中，也可以对新产品进行测试和评估。

(6) 内容电商。创作者可以在自己的作品中添加商品，如果用户购买，就会获得拥金收益。

(7) 头条小店。创作者可以通过头条号后台的"工具"—"功能实验室"—"变现工具"开通头条小店，如图 5-25 所示。

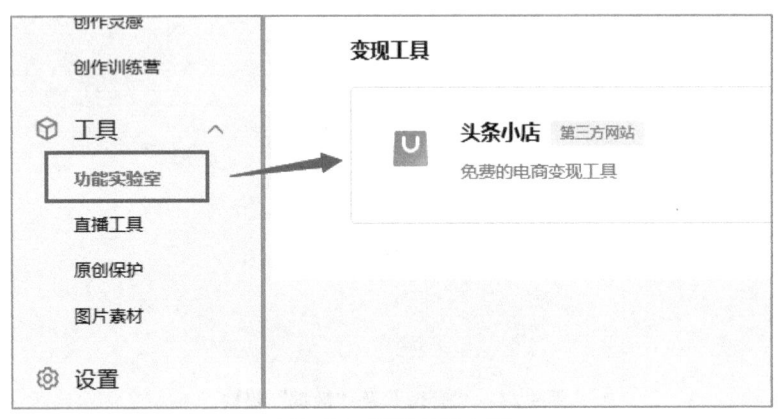

图 5-25　开通头条小店

(8) 内容付费。粉丝量达到一万后，创作者可以在"权益中心"模块开通付费专栏并发布多种形式的付费内容。只要作品对用户有价值，就可以通过内容付费获得收益。

(9) 头条直播。创作者通过直播与粉丝进行互动会获得平台流量，并可以赚取直播打赏的收益。

2. 头条号的运营策略

(1) 坚持原创。头条号会与高品质答主和高品质头条号运营者签约，这时账号就会拥有固定的收入，同时还有广告收入。

(2) 定时更新。利用"热词分析"功能查询热门话题内容，发表原创文章，保证持续、稳定的内容输出。

(3) 专注于垂直领域。垂直领域的作品会使权重提升较快，推荐量也更高。

(4) 建立开放式话题。根据自身账号的粉丝画像，每天选取 1~3 个开放式话题进行讨论。

(5) 增加互动。当读者评论时，创作者要积极回应并与读者互动，这样能增加推荐量。除了与读者互动，还要积极评论别人的文章，为自己带来曝光量。

(6) 回答相关问题。创作者要挑选与自身领域相关的问题并发布原创回答。

(7) 与同行业者互推。前期的粉丝绝大部分来源于相互关注与互推，因此创作者要尽可能寻找同行业的用户，开展互推、转发、点赞、评论等。

(8) 接纳他人供稿。在头条号的运营过程中，接纳他人供稿是一种持续获取内容的方式，可以丰富账号内容，拓展视野。

【任务拓展】

请同学们对照表5-6所示的拓展训练任务单，完成本次拓展训练任务。

表5-6 "头条号的运营与推广"拓展训练任务单

训练内容	项目五 扶商助创——"Sunshine 母婴工作室"自媒体运营与推广 任务3 头条号的运营与推广	分数	
训练对象		学时	
训练目的	1. 掌握头条号的运营与推广策略 2. 能够运营头条号自媒体账号并进行推广		
教学设备及软件	个人计算机、Office 办公软件、手机等		
训练建议	个人计算机及手机均能连接互联网		

为"Sunshine 母婴工作室"完成头条号的运营与推广任务，步骤如下。
1. 发布1篇图文作品，要求为原创，字数为600字以上。
2. 发布1条微头条动态。
3. 发布1条视频作品。
4. 将以上3个作品分享到微信朋友圈，以达到提高转发量、评论量、点赞量的目的。
5. 在今日头条的悟空问答栏目中回答1条提问（建议为1000字）。
6. 进行评论管理，及时回复网友评论。
7. 查看并进行数据分析，包括数据趋势分析、性别分析、年龄分析、地域分析、价格分布分析等。
8. 针对头条号创作，及时进行复盘总结，形成一份简明扼要、条理清晰的总结报告。

【习题与反思】

1. 头条号如何"涨粉"？
2. 如何快速申请到原创标签？

参考文献

[1] 包金龙，邵嫣嫣. 网络营销：工具、方法与策划[M]. 苏州：苏州大学出版社，2020.
[2] 刘旸. 直播营销话术[M]. 北京：人民邮电出版社，2022.